Historia de Jesús

Según Edgar Cayce

Anteriormente llamada:

La más grande historia jamás contada

Kirk Nelson

Anteriormente publicada como *La más grande historia jamás contada*

© Copyright 1995 by Kirk Nelson

Título original:

Edgar Cayce´s Hidden History of Jesus

Traducido por:
Nora M. Rodríguez Galíndez

ÍNDICE

PRIMERA PARTE:

LOS ESENIOS Y EL COMIENZO DEL MINISTERIO DE JESÚS

LOS ESENIOS 11

ANUNCIO DEL NACIMIENTO DE JUAN EL BAUTISTA 27

ANUNCIO DEL NACIMIENTO DE JESÚS 28

MARÍA VISITA A ISABEL 29

NACIMIENTO DE JUAN EL BAUTISTA 29

VISIÓN DE JOSÉ 32

NACIMIENTO DE JESÚS.................................. 32

VISITA DE LOS MAGOS 37

EL BEBÉ JESÚS EN EL TEMPLO 40

HUIDA A EGIPTO 41

EL NIÑO JESÚS EN EL TEMPLO 43

JESÚS EN EGIPTO 47

DESCRIPCIÓN FÍSICA DE JESÚS 50

MINISTERIO DE JUAN EL BAUTISTA 51

BAUTISMO DE JESÚS 52

TENTACIÓN DE JESÚS 53

COMIENZO DEL MINISTERIO DE JESÚS 54

PRIMEROS DISCÍPULOS DE JESÚS 54

BODAS DE CANÁ 55

SEGUNDA PARTE: SU MINISTERIO

SERMÓN EN LA MONTAÑA 60

ENTORNO DE JESÚS 69

JESÚS CURA A LOS ENFERMOS 70

JESÚS CURA A LA SUEGRA DE PEDRO 71

JESÚS PRUEBA A SUS SEGUIDORES 72

JESÚS CALMA LA TORMENTA 72

JESÚS EXPULSA A LOS DEMONIOS 72

JESÚS CURA A UN PARALÍTICO 73

JESÚS LLAMA A MATEO	74
PARÁBOLA DE LOS ODRES	75
JESÚS CURA A DOS MUJERES	75
JESÚS CURA A DOS CIEGOS	76
JESÚS CURA A UN ENDEMONIADO	76
LOS DOCE APÓSTOLES	77
LOS SETENTA	80
JESÚS RELACIONA A JUAN EL BAUTISTA CON ELÍAS	81
JESÚS VISITA AL FARISEO	83
JESÚS ENSEÑA ACERCA DEL SÁBADO	82
JESÚS CURA EN SÁBADO	85
UNA CASA DIVIDIDA EN CONTRA DE SÍ MISMA	86
LOS FARISEOS BUSCAN UNA SEÑAL	88
LA VERDADERA FAMILIA DE JESÚS	89
JESÚS ENSEÑA EN PARÁBOLAS	89
UN PROFETA EN SU PROPIA TIERRA	93

La muerte de Juan el Bautista 95

La primera multiplicación de
los panes 96

Jesús camina sobre el agua 97

Segunda multiplicación de
los panes 100

Jesús se revela como Cristo 102

Jesús asocia a Juan el Bautista
con Elías 104

Jesús y la samaritana 107

Jesús enseña a Nicodemo 110

Jesús y la mujer adúltera 111

Jesús, el buen pastor 119

El buen samaritano 122

María Magdalena y Marta 124

Jesús resucita a Lázaro de
entre los muertos 124

Jesús enseña sobre el Reino
de los Cielos 127

Jesús enseña a perdonar 129

Jesús enseña sobre el divorcio 130

Jesús bendice a los niños
pequeños 132

Jesús y el joven rico 132

Parábola de los viñateros 133

Jesús anuncia Su muerte
y resurrección 135

Jesús y Zaqueo 136

Tercera parte:

Resurrección y Ascención

Entrada triunfal de Jesús
en Jerusalén 139

Jesús expulsa a los mercaderes
del templo 140

Jesús enseña con parábolas 141

Jesús se dirige a los fariseos
y saduceos 144

Jesús anuncia su vuelta
a la tierra 150

CONSPIRACIÓN PARA MATAR
A JESÚS 157

LA ÚLTIMA CENA 159

LA AGONÍA DE JESÚS EN EL HUERTO
DE GETSEMANÍ 175

JESÚS ES LLEVADO ANTE CAIFÁS 176

JESÚS ANTE PONCIO PILATO 179

CRUCIFIXIÓN DE JESÚS 181

SEPULTURA DE JESÚS 185

RESURRECCIÓN DE JESÚS 186

LA CAMINATA A EMAÚS 187

LA DUDA DE TOMÁS 190

OPINIÓN DE CAYCE SOBRE LA
RESURRECCIÓN 193

LA ASCENCIÓN 201

Primera parte:

Los esenios y el comienzo del ministerio de Jesús

He pensado a menudo que si uno quisiera hacer que una historia fuera confusa, la escribiría en español antiguo, pondría partes de ella en cuatro libros diferentes, y le agregaría números delante de cada oración que escribiera. Así es, por supuesto, la forma en que recibimos la historia de Jesús en la Biblia.

Entonces pensé: ¿No sería lindo tener todos los acontecimientos de la vida de Jesús en un solo libro, ordenado cronológicamente de principio a fin? Esta es la idea madre de este libro.

La Biblia, sin embargo, no contiene todos los acontecimientos de la vida de Jesús; hay mucho que no sabemos. ¿Cuáles fueron los acontecimientos que precedieron al casamiento de María y José? ¿Cómo fue la educación de Jesús cuando era niño? ¿Quién le enseñaba? ¿Dónde se le impartía la enseñanza? Estos son sólo algunos de los hechos que no se tratan en la Biblia.

Entonces, para obtener una imagen completa de la vida de Jesús, debemos buscar información fuera de la Biblia; especialmente, en las lecturas de Edgar Cayce, el psíquico de Virginia Beach.

Las lecturas de Cayce nos ofrecen gran parte de la información que fue omitida en la Biblia. Completan los años que faltan y nos revelan gran cantidad de datos sobre las circunstancias y el entorno que rodeaba a Jesús.

Para brindar una descripción lo más completa posible de la vida de Jesús, se combinaron, en este libro, los cuatro Evangelios: Mateo, Marcos, Lucas y Juan. Los hechos que ellos contienen están presentados en general en orden cronológico. Cuando los cuatro Evangelios describen el mismo hecho, se utiliza sólo uno de los cuatro relatos para evitar la repetición. (Se han alterado levemente los pasajes seleccionados de la Biblia). Así, al combinar los cuatro Evangelios y completar los años y hechos que faltan con información de las lecturas de Cayce, se puede obtener una imagen casi total de la vida de Jesús.

Los esenios

Las lecturas de Cayce nos dicen que Jesús era miembro de una secta religiosa, piadosa y estricta, conocida como los esenios, y que este grupo preparó el camino para Su nacimiento. Cayce predijo que los manuscritos de esta secta se descubrirían algún día cerca del Mar Muerto. En 1947, pastores beduinos descubrieron esos rollos de dos mil años de antigüedad en unas cavernas de la costa noreste del Mar Muerto. Hoy en día se los conoce como los rollos del Mar Muerto. Estos son los escritos de los esenios, y Cayce predijo precisamente dónde se descubrirían.

Los rollos del Mar Muerto describen la organización y creencias de los esenios, que tenían un estricto código de conducta moral que incluía el ritual del bautismo. Es por eso que los eruditos han llegado a la convicción de que Juan el Bautista era esenio y que cuando bautizó a Jesús seguía un ritual esenio. Los rollos también muestran que los esenios esperaban un Mesías que vendría a llevar al mundo hacia la rectitud y que destruiría a los inicuos. Conocemos a este Mesías como Jesús.

Josefo, el historiador del primer siglo, describe a los esenios en el siguiente pasaje:

Existen tres sectas entre los judíos. Los seguidores de la primera son los fariseos; los de la segunda, los saduceos; y los de la tercera secta, que reivindican una disciplina más severa, son llamados esenios. Estos últimos son judíos de nacimiento y parecen tener más afecto entre sí que el que se tienen las demás sectas. Rechazan los placeres por considerarlos perniciosos, pero estiman la continencia y el dominio de la pasión como virtud. Restan importancia al matrimonio, pero eligen los hijos de otras personas mientras son dóciles y con cualidades para el aprendizaje, porque ellos los consideran de su familia y los educan de acuerdo con sus propias costumbres. De ninguna manera niegan la conveniencia del matrimonio y la continuidad de la humanidad que este ofrece, sino que se cuidan contra el comportamiento lujurioso de las mujeres y están convencidos de que ninguna de ellas es fiel a un solo hombre.

Estos hombres desprecian las riquezas y no hay ninguno de ellos que tenga más que otro; porque hay una ley entre ellos que obliga a los que se les unen a donar lo que tienen para beneficio de toda la orden. Hasta el punto de que entre ellos no hay apariencias ni de pobreza ni de exceso de riquezas, sino que las posesiones de cada uno están mezcladas con las de los demás. Así es que existe una especie de patrimonio compartido por todos los hermanos.

Consideran que el aceite es contaminante; y si cualquiera de ellos tuviera contacto con él sin su consentimiento, su cuerpo deberá ser limpiado; porque piensan que es conveniente conservar la piel seca y vestirse con ropas blancas. También han designado administradores para que se encarguen, como única actividad, de los asuntos en común.

Ellos no viven en una ciudad en particular, pero en cada ciudad viven muchos de ellos. Si alguno de su secta viene de otro lugar, le ofrecen cuanto tienen como si fuera suyo, y lo tratan como si lo hubieran conocido desde siempre.

Por esta razón, cuando ellos viajan a lugares remotos, no llevan nada con ellos, excepto sus armas para defenderse de los ladrones. Por consiguiente, en cada ciudad en la que ellos viven, hay alguien especialmente encargado de velar por los extranjeros y proveerles de ropas y de todo lo que necesiten. Sus hábitos y porte corresponden a los jóvenes educados bajo una rigurosa disciplina. No permiten el cambio de ropas o zapatos hasta que estos estén en jirones o totalmente gastados. No se venden ni se compran nada entre ellos; pero cada uno le da al otro lo que tiene si este lo necesita, recibiendo a cambio cualquier cosa que le pueda ser útil. Independientemente de la retribución, están autorizados a tomar lo que necesiten de quien les plazca.

En lo que se refiere a su devoción a Dios, esta es absolutamente extraordinaria. No hablan de temas profanos antes de la salida del sol, pero ofrecen ciertas súplicas heredadas de sus antepasados. Después, sus tutores los despiden para que cada uno de ellos se dirija a las labores para las que está calificado y en las que trabajará con gran diligencia hasta la hora quinta. Una vez concluidas las actividades, se reúnen en un lugar y vestidos con velos blancos bañan sus cuerpos con agua fría. Después de la purificación, se retiran a sus aposentos donde nadie ajeno a la secta puede entrar. Más tarde, se dirigen de un modo puro al comedor como si este fuera un templo sagrado y se sientan en silencio.

Entonces el panadero dispone los panes en orden para cada uno de ellos, y el cocinero también les trae una sola porción de un solo tipo de comida, en un plato que coloca delante de cada cual. Un sacerdote da la bendición antes de comer, y es ilícito probar la comida antes de haber dado las gracias a Dios. El mismo sacerdote repite la acción de gracias una vez que ha comido; y tanto cuando empiezan como cuando terminan de comer, alaban a Dios porque es Él quien los provee de alimentos. Después dejan de lado sus blancas vestiduras y retornan a su trabajo hasta el anochecer; y si a su vuelta encuentran forasteros en su casa para la cena, se sientan con ellos. En sus hogares nunca hay ni gritos ni disturbios que los contamine, sino que cada cual habla a su turno. De este modo, el silencio que se guarda en estas casas puede parecer a los forasteros un increíble misterio. La causa de esta actitud es su perpetua sobriedad en el comer y en el beber, que está dada por la única porción de comida y de bebida que le corresponde a cada uno. Y en verdad, nada hacen que no sea en concordancia con el mandato de sus tutores. Son libres de hacer sólo dos cosas sin previo consentimiento de sus tutores: asistir a los necesitados y ser misericordiosos con los afligidos. Para ellos está permitido dar socorro a los que lo necesitan y lo merecen, y ofrecer comida a los desamparados según su propia voluntad, pero no pueden dar nada a su familia sin el conocimiento de los tutores. Controlan su ira de la misma forma que dominan sus pasiones. Son eminentemente fieles y amantes de la paz. Digan lo que digan tiene más fuerza que un juramento, pero evitan jurar porque considerar esto peor que el perjurio, pues piensan que aquel a quien no se le pueda creer sin que haya jurado antes por Dios, ya está condenado. Realizan grandes esfuerzos para estudiar los escritos de los antiguos y eligen entre ellos aquellos que son más ventajosos para su cuerpo y alma; también investigan sobre raíces y piedras medicinales capaces de curar sus enfermedades...

Son longevos, y muchos de ellos viven más de cien años a causa de la simplicidad de su dieta, y pienso que también, a causa del curso regular de sus vidas. Restan importancia al peligro, y gracias a la generosidad de sus mentes, están por sobre los sufrimientos. En cuanto a la muerte, si es para su gloria, ellos la consideran mejor que vivir para siempre. Por supuesto, nuestra guerra con los romanos nos brinda abundantes testimonios de la grandeza de sus almas puestas a prueba. A pesar de que fueron torturados y desfigurados, quemados y descuartizados, y experimentaron toda clase de instrumentos de tortura para que se vieran obligados ya fuera a blasfemar a su legislador o a comer lo que tenían prohibido, aún así no podían lograr que lo hicieran, ni tampoco que adularan a sus torturadores, ni que derramaran siquiera una lágrima. En cambio, sonreían cuando experimentaban el dolor más profundo y se reían con sorna de aquellos que los atormentaban y entregaban sus almas con gran alegría como si esperaran recibirla de vuelta

Porque su doctrina es ésta: El cuerpo es corruptible, y su materia no es permanente; pero el alma es inmortal y continúa para siempre, y sale del éter más sutil. Está unida al cuerpo como si éste fuera una prisión a la que se ve atraída por un encanto especial, pero una vez que se libera de los lazos de la carne, se regocija y se eleva como si se la dejara libre luego de un largo cautiverio. Y, como los griegos, ellos creen que las buenas almas tienen su morada más allá del océano, en una región en la que no existe ni la opresión, ni las tormentas de lluvia o nieve, ni el calor intenso, sino donde las refresca el suave soplo de un viento del oeste que llega eternamente desde el océano. Por el contrario, a las almas malas se les da una cueva oscura y tempestuosa llena de castigos sin fin. Y realmente me parece que los griegos han seguido la misma noción cuando ellos asignan las islas de los bienaventurados a sus hombres más valientes, a los que ellos llaman héroes y semidioses. Y a las almas de los malvados les asignan la región de los sin Dios, el Hades, donde, según cuentan sus fábulas, se castiga a los malvados. Esta era entonces su primera suposición: que las almas son inmortales; y desde allí surgen las exhortaciones a la virtud y las advertencias contra la maldad. Por medio de su alma los hombres buenos se superan en la conducta que guardan en sus vidas por su esperanza de recompensa después de la muerte. Gracias a ella, las tendencias impetuosas de los hombres malos hacia el vicio son controladas por su miedo y por su expectativa de que a pesar de que ellos lo hagan a escondidas en esta vida, igual sufrirán un castigo eterno después de la muerte. Estas son las doctrinas divinas de los esenios con respecto al alma que dejan un anzuelo inevitable para aquellos que alguna vez probaron su filosofía.

Hay muchos entre ellos que emprenden la tarea de predecir lo que va a suceder leyendo los libros santos y utilizando distintos tipos de purificaciones. Se mantienen al tanto de los discursos de los profetas y sólo ocasionalmente se equivocan en sus predicciones.

Flavio Josefo, Selecciones de sus obras. (Versión en inglés de Abraham Wasserstein, VikingPress)

Edgar Cayce nos cuenta más acerca de los esenios en las siguientes lecturas:

Se dice que existieron esos períodos en que, durante cuatrocientos años, poco o nada había sucedido en la experiencia del hombre como revelación del Padre, o Dios, o de las fuentes de luz. ¿Qué fue, entonces, lo que propició la entrada en la tierra de esa conciencia, que ustedes conocen como el Hijo del Hombre, Jesús de Nazaret o el Cristo en la Cruz? ¿Trajo luz la oscuridad? ¿Vino Cristo a la tierra porque el hombre había alejado su pensamiento de la luz? ¿No está esta idea refutando la ley común que está presente en espíritu, mente y cuerpo, de que "cada acción engendra otra similar"? Como se preguntaba a menudo: ¿"Puede salir algo bueno de Nazaret?" ¿No será que existían aquellos de los cuales ustedes saben poco y nada en vuestros estudios [los esenios] que dedicaron sus vidas, sus mentes y cuerpos a un propósito, a una *búsqueda* de aquello que se les había prometido desde antaño? ¿No eran individuos, hombres y mujeres, que dedicaron sus cuerpos para que pudieran ser canales a través de los cuales tal influencia, tal *cuerpo* pudiera venir? 262-61

Pregunta: ¿Cuál es el significado correcto del término "esenio"?

Respuesta: Expectativa.

Pregunta: ¿Era el propósito principal de los esenios el de criar individuos que pudieran ser canales apropiados para el nacimiento del Mesías, que más tarde sería enviado al mundo para representar a su Hermandad?

Respuesta: El primer propósito era el de la preparación individual. El ser que se enviaba al

17

mundo era secundario. Sólo muy pocos se aferraban a la idea de la realización en una organización diferente de la que vendría junto con los anuncios del Mesías.

Pregunta: ¿Se llamaba a los esenios, en distintos tiempos y lugares: nazaríes, Escuela de los Profetas, jasideos, terapeutas, nazarenos, y eran una rama de la Gran Hermandad Blanca, que comenzaba en Egipto y que tomaba miembros de entre los Gentiles y Judíos por igual?

Respuesta: En general, sí. Específicamente, no del todo. A veces se los conocía como algunos de estos grupos; o los Nazaríes eran una rama o un pensamiento de lo mismo. Del mismo modo que uno diría ahora que cualquier denominación por nombre es una rama de la fe cristiano-protestante. Así eran también los de los distintos grupos, a pesar de que su propósito era el de sentar las primeras bases de los profetas, como Elías lo establecía o lo entendía de la Escuela de los Profetas, que fue propagada y estudiada a partir de lo iniciado por Samuel. El movimiento no era egipcio, a pesar de haber sido *adoptado* por otros en otro período, o en un período anterior, y de haber sido parte de todo el movimiento.

Sí, tomaban miembros judíos y gentiles por igual.   **254-109**

El término 'esenio' significaba expectativa; es decir, la expectativa del nacimiento del Cristo niño.

En aquellos días, cuando existían cada vez más líderes de la gente de Carmelo, lugar original donde se estableció la Escuela de los Profetas

durante el tiempo de Elías y de Samuel. A estos se los llamaba esenios; al igual que aquellos que estudiaban lo que ustedes podrían llamar astrología, numerología, frenología y aquellas fases de la disciplina que estudia la vuelta de los individuos o reencarnación.

Estos estudios eran entonces las razones por las que se había anunciado que ciertos períodos eran un ciclo; y estos habían sido entonces los estudios de Arestole, Enos, Matías, Judas [no el Iscariote], y de aquellos que estaban a cargo de la escuela o supervisados por ella, como se diría hoy en día.

Estas ideas habían sido perseguidas por algunos de esos líderes: los saduceos, que enseñaban que no había resurrección, o encarnación, que es lo que la resurrección significaba en esos períodos.

Entonces con aquellos cambios que habían sido como sugerencias o avisos de la posición de las estrellas...esta es la visión común del sistema solar de nuestro sol, y de aquellos desde fuera de las esferas o de la Estrella del Norte, su nombre común... esto empezó la preparación para los trescientos años en este período, como había sido anunciado.

En estos signos fue el nuevo ciclo...el principio de la era de Piscis, o esa posición de la Estrella Polar o Estrella del Norte con respecto a las nubes del sur. Ellas eran los símbolos; como sería el signo a utilizar, el modo de enfoque del signo y todo lo relacionado a esto.

Entonces, estos eran los comienzos, y esto era lo que formaba parte de los estudios de aquel tiempo.

Y también existía la idea de aquello que se había

transmitido y de experiencias de los sabios de antaño de que un ángel les hablaría. Así ocurrió cuando fue la elección de la compañera, María, que había sido inmaculadamente concebida, aunque sólo fuera en el pensamiento de los que estaban cerca. Este anuncio hizo que se enfocara toda la atención en la preparación de la madre.

Luego, también existió la época marcada por la muerte de Zacarías, el sacerdote, que fue asesinado por repetir lo antedicho frente a los de su propia escuela. Esto creó temores que motivaron los preparativos para el casamiento, y para el nacimiento... y para todas las actividades necesarias para la preservación (física) del niño, o de la huida a Egipto. **5749-8**

Los esenios estaban comprometidos con la Escuela de los Profetas, que Elías fundó en el Monte Carmelo. Allí, los estudios incluían astrología, numerología, frenología y reencarnación, creencias perseguidas por los saduceos que no creían en la inmortalidad del alma.

Por medio de su estudio de la astrología, los esenios se dieron cuenta de que la tierra estaba a punto de cambiar de la era de Aries a la era de Piscis, y de que este cambio comenzaría con el nacimiento del Cristo niño. Cada 2165 años, la tierra se mueve 30 grados con respecto al telón de fondo de las estrellas fijas, y es esta acción la que mueve la tierra de una era astrológica a la próxima. Esto es lo que se llama la precesión de los equinoccios.

Los esenios eran conscientes de que los símbolos religiosos se alterarían con el cambio de eras. Durante la era previa, la Era de Aries, los símbolos religiosos giraban en torno al signo de Aries, un signo de fuego simbolizado por el carnero. Los rituales religiosos que se utilizaban entonces comprendían el sacrificio de carneros en un altar de fuego. Esto sucedía en el templo judío en Jerusalén y se habla extensivamente de ello en el Antiguo Testamento.

Sin embargo, esta nueva era, la Era de Piscis, requería nuevos símbolos y rituales.

Piscis es un signo de agua simbolizado por el pez. Cuando vino Jesús, Él era la personificación de la Era de Piscis. Se lo bautizó en el agua, calmó las aguas, caminó sobre el agua, convirtió el agua en vino, multiplicó los peces y los panes y se lo llamó el "pescador de hombres." Aún hoy, la gente usa la palabra griega para denominar al pez, *ichthys,* como símbolo de Jesús. Además, Él sufrió el martirio, y Piscis es el signo del mártir.

Como los esenios sabían de los cambios en las épocas astrológicas y de la expectativa del nacimiento del Cristo niño, prepararon doce niñas como canales posibles para el nacimiento. María era una de las doce.

Pregunta: Por favor, describa el tipo de asociación y membresía de las mujeres en la hermandad de los esenios, explicando qué privilegios y restricciones tenían, cómo se unieron a la Orden, y cómo era su vida y su trabajo.

Respuesta: Este era el comienzo del período cuando las mujeres eran consideradas iguales a los hombres en sus actividades, en su habilidad de elaborar, de vivir, de ser canales.

Se unían por consagración, generalmente por medio de sus padres.

Era algo que tenía que ver con el libre albedrío todo el tiempo, pero se les restringía el consumo de ciertos alimentos y ciertas asociaciones en distintos períodos que tenían que ver con el sexo, la comida y la bebida.

Pregunta: ¿Cómo fue la primera vez que María y José se pusieron en contacto con los esenios y cuál fue su preparación para la llegada de Jesús?

Respuesta: Como ya se ha indicado, por medio de la consagración a través de sus padres.

Pregunta: Por favor, describa el proceso de selección y entrenamiento de aquellas elegidas como mujeres sagradas, como María, Edith y otras como posibles madres de Cristo. ¿Cómo fueron elegidas... y cómo era su vida y su trabajo mientras esperaban en el Templo?

Respuesta: Primero se consagraban, y luego venía la elección del individuo a través de su crecimiento, en cuanto a la posibilidad de ser meramente canales para los servicios generales o no. Porque eran elegidas para servicios especiales en distintos momentos; como sucedió con las doce elegidas en ese momento, lo cual puede ser utilizado como ilustración. Recuerden que ellas provenían de los períodos en los que la escuela ya había comenzado.

Cuando había actividades en las que debía haber purificaciones a través de las cuales los cuerpos se transformarían en canales para la nueva raza, o nueva preparación, entonces se les restringían, por supuesto, ciertas asociaciones, actividades y otras cosas. Aquí estamos hablando de las doce mujeres y de todas las mujeres que estaban consagradas como canales para la raza nueva desde el principio.

Por lo tanto, el grupo al que aquí nos referimos como los esenios era el resultado de los períodos de preparación de las enseñanzas de Melquizedek, como lo propagaron Elías, Elisha y Samuel. Se los apartó a fin de que se preservaran en línea o elección directa para ofrecerse como canales a través de los cuales podría venir el linaje nuevo o divino.

Su vida y trabajo durante dichos períodos de preparación eran dedicados a la limosna, a las buenas acciones y a actividades misioneras, como se las llamaría hoy en día. 254-109

Pregunta: ¿Cómo se seleccionaban las vírgenes y quiénes lo hacían?

Respuesta: Las vírgenes eran seleccionadas por todos los que eligieron entregar aquellas que eran perfectas en cuerpo y alma para el servicio... cada una como representante de los doce en las diversas fases que habían existido o que habían constituido Israel, o al hombre.

Pregunta: Describa el entrenamiento y la preparación del grupo de vírgenes.

Respuesta: Primero se las entrenaba en el ejercicio físico, también en el ejercicio mental: en cuanto a lo que se refiere a la castidad, la pureza, el amor, la paciencia y la tolerancia. Todas estas, que podrían ser consideradas hoy en día como una persecución, no eran sino pruebas para adquirir fortaleza física e intelectual; y todo estaba bajo la supervisión de aquellos que cuidaban su nutrición a través de la protección de los valores de sus alimentos. Esta era la forma y el modo en que se las entrenaba, dirigía y protegía.

Pregunta: ¿Se las sometía a una dieta especial?
Respuesta: Nunca tomaban ni vino, ni ninguna bebida fermentada. Comían comidas especiales. Los alimentos se balanceaban de acuerdo con lo que había sido establecido por Aran y RaTa.
5749-8
Pregunta: La inmaculada concepción, tal como ha sido explicada, ¿Tiene que ver con la venida de María a Ana o con la de Jesús a María?
Respuesta: Con la de Jesús a María.
Pregunta: ¿Fue María concebida inmaculada?
Respuesta: María fue concebida inmaculada.
Pregunta: ¿Cuánto tiempo antes de que María fuera elegida había empezado la preparación?
Respuesta: Tres años.
Pregunta: ¿De qué forma se la eligió?
Respuesta: ¡Mientras subían los escalones! 5749-7
Pregunta: ¿Qué edad tenía María cuando fue elegida?
Respuesta: Cuatro; y como ustedes podrían decir, entre doce y trece cuando fue designada como la elegida por el ángel en las escaleras.   5749-8

María fue elegida como canal para el nacimiento de Jesús cuando subía los escalones del templo durante el ritual de oración matutino de los esenios.

Pregunta: Dé una descripción detallada de la elección de María en los escalones del templo, con un propósito literario.
Respuesta: Los escalones del templo, o aquellos que llevaban al altar se referían a una única cosa. Eran aquellos escalones sobre los que brillaba el

sol al elevarse a la mañana durante los primeros períodos en que las vírgenes elegidas iban hacia el altar para orar, y también para quemar incienso.

Este día, mientras que subían los escalones bañadas por el sol matutino, no sólo conformaba una hermosa vista sino que las vestía a todas de púrpura y oro.

Cuando María llegó al escalón superior, entonces hubo un trueno y un rayo, y el ángel la condujo tomándola de la mano delante del altar. Esta era la forma de elección, esta era la forma de mostrar el camino; porque ella encabeza la procesión *este* día en particular.

Pregunta: [¿Era este el ángel Gabriel?] ¿Había alguna aparición del ángel Gabriel en la casa?

Respuesta: En el templo, cuando ella fue elegida; en la casa de Isabel cuando se dio cuenta de su presencia al estar nuevamente ante el mensajero o precursor [Juan].

Nuevamente se le presentó a José en el momento de su unión. De nuevo (por medio de Miguel) en el momento en que se dio a conocer el edicto. [La huida a Egipto].   5749-7

Pregunta: ¿Era el templo ortodoxo judío o el templo esenio?

Respuesta: El esenio, seguro.

Zacarías proclamó su adhesión a esas visiones en el templo ortodoxo, y fue asesinado, a pesar de tener sus manos sobre los cuernos del altar.

Por esto, las vírgenes estaban protegidas en Carmelo, mientras que Zacarías estaba en el templo de Jerusalén.

Pregunta: ¿Se le pidió a María que esperara diez años antes de conocer a José?

Respuesta: Solamente hasta después de que Jesús fue a recibir instrucción de otros llegaron las asociaciones naturales o normales; no era necesario; fue una elección de ambos, a causa de sus *propios* sentimientos.

Pero cuando Él estuvo fuera de su techo y bajo la protección de aquellos que eran los guías... estas asociaciones comenzaron como experiencias normales.

Pregunta: ¿Eran los padres de Juan, el mensajero, miembros del grupo que preparó el camino para Jesús?

Respuesta: Como acabamos de indicar, Zacarías era miembro de lo que podríamos llamar el sacerdocio ortodoxo al principio. María e Isabel eran miembros de los esenios; y por esta misma razón, Zacarías mantenía a Isabel en las montañas y colinas. Sin embargo, cuando se anunció el nacimiento y Zacarías proclamó sus creencias, sucedió el asesinato, la muerte.

Pregunta: ¿Dónde fue el casamiento de María y José?

Respuesta: Allí, en el templo de Carmelo.

Pregunta: ¿Dónde vivía la pareja durante el embarazo?

Respuesta: María pasó la mayor parte del tiempo en las colinas de Judea y una parte del tiempo con José en Nazaret. Desde allí fueron a Belén a empa-dronarse, como se podría decir ahora.   5749-8

El anuncio del nacimiento de Juan el Bautista

Los siguientes versos de la Biblia nos cuentan la historia de Zacarías, Isabel y María:

En los días de Herodes, rey de Judea, hubo un sacerdote llamado Zacarías, cuya mujer se llamaba Isabel.
Los dos eran justos ante Dios, y caminaban sin tacha en todos los mandamientos y preceptos del Señor.
No tenían hijos porque Isabel era estéril, y los dos de avanzada edad.
Sucedió que a Zacarías le tocó en suerte quemar el incienso en el templo.
Y toda la multitud del pueblo estaba fuera en oración, a la hora del incienso.
Luego se le apareció a Zacarías el Ángel del Señor, de pie, a la derecha del altar del incienso.
Al verle Zacarías, se turbó y tuvo miedo.
Pero el ángel le dijo: "No temas, Zacarías, porque tu petición ha sido escuchada; Isabel, tu mujer, te dará a luz un hijo, a quien pondrás por nombre Juan.
Será para ti gozo y alegría, y muchos se gozarán en su nacimiento.
Porque será grande ante los ojos del Señor, y no beberá vino ni licor; y estará lleno del Espíritu Santo ya desde el seno de su madre.
Y a muchos de los hijos de Israel les convertirá al Señor, su Dios.
Precederá al Señor con el espíritu y el poder de Elías, para hacer volver los corazones de los padres a los hijos, y los desobedientes a la prudencia de los justos, para preparar al Señor un pueblo bien dispuesto."

Y Zacarías le dijo al ángel: "¿Cómo puede ser esto? Porque yo soy viejo y mi mujer avanzada en edad."

Y el ángel le respondió; "Yo soy Gabriel, el que está delante de Dios, y he sido enviado para hablarte y anunciarte esta buena nueva.

Mira, te quedarás mudo y no podrás hablar hasta el día en que sucedan estas cosas, porque no me creíste."

Y el pueblo estaba esperando a Zacarías y se extrañaban de su demora en el Santuario.

Cuando salió, no podía hablarles, y comprendieron que había tenido una visión porque les hablaba por señas, y permaneció mudo.

Y cuando se cumplieron los días de su servicio en el templo, se fue a su casa.

Y su mujer, Isabel, concibió y se mantuvo oculta durante cinco meses diciendo: "Esto es lo que ha hecho por mí el Señor cuando decidió librarme de lo que me avergonzaba ante los hombres."

El anuncio del nacimiento de Jesús

Al sexto mes el ángel Gabriel fue enviado por Dios a una ciudad de Galilea, llamada Nazaret, a una virgen desposada con un hombre llamado José, de la casa de David; el nombre de la virgen era María.

Y el ángel se le acercó y le dijo: "Alégrate, llena de gracia, el Señor está contigo, bendita Tú eres entre todas las mujeres."

Y cuando ella lo vio, se turbó por sus palabras y pensaba qué significaría aquel saludo.

Y el Ángel le dijo: "No temas, María, porque has

hallado gracia delante de Dios.

Y Tú vas a concebir en el seno y vas a dar a luz un hijo, a quien pondrás por nombre Jesús."

María visita a Isabel

María fue a la región montañosa, a una ciudad de Judá y entró en casa de Zacarías y saludó a Isabel.

Y cuando Isabel oyó la voz de María, saltó de gozo el niño en su seno, e Isabel quedó llena del Espíritu Santo,

Y exclamando en voz alta dijo: "¡Bendita Tú eres entre las mujeres y bendito el fruto de tu vientre!

¿Quién soy yo para que la Madre de mi Señor venga a visitarme?

Porque apenas llegó a mis oídos la voz de tu saludo, saltó de gozo el niño en mi seno.

Bienaventurada la que ha creído que se cumplirían las cosas que le fueron dichas de parte del Señor."

El nacimiento de Juan el Bautista

Se le cumplió a Isabel el tiempo de dar a luz y tuvo un hijo varón.

Y sus vecinos y primos oyeron que el Señor le había hecho gran misericordia, y se congratulaban con ella.

Y al octavo día fueron a circuncidar al niño y querían ponerle el nombre de su padre, Zacarías.

Pero su madre dijo: "No. Se ha de llamar Juan."

Y le decían: "No hay nadie en tu familia que tenga ese nombre."

Y preguntaban por señas a su padre cómo quería

que se llamara.

Y Zacarías pidió una tablilla y escribió: "Juan es su nombre." Y todos quedaron admirados.

Y al punto se abrió su boca, y su lengua hablaba bendiciendo a Dios.

Invadió el temor a todos sus vecinos, y en toda la montaña de Judea se comentaban todas estas cosas.

Y todos los que las oían, las grababan en su corazón diciendo: "Pues, ¿qué será este niño?"

No se menciona en la Biblia cómo María y José se encontraron para ser marido y mujer; pero el siguiente pasaje de las lecturas de Cayce nos provee de algunos de los detalles:

Pregunta: ¿De qué forma se le informó a José de su rol en el nacimiento de Jesús?

Respuesta: En un principio, a través de Matías o Judas. Sin embargo, como esto no coincidía con sus propios sentimientos, primero se le informó en un sueño, y luego directamente a través de la voz.

Y siempre que se oye la voz, siempre está acompañada tanto de aromas como de luces; y a menudo, la descripción de las luces es por medio de la vista.

Pregunta: ¿Le molestó que María quedara embarazada aunque aún fuera virgen?

Respuesta: Debido a su entorno y a causa de su avanzada edad [en comparación con] la de la Virgen cuando fue entregada; o como se diría hoy en día, a causa del qué dirán. Sin embargo, cuando se aseguró que esto era divino, no sólo a través de sus hermanos sino también por la voz y por aquellas experiencias que atravesó. Porque ya

desde el tiempo de la primera promesa, cuando Ella estaba siendo entrenada para la elección, hubo un período de alrededor de tres o cuatro años; y aún así, cuando fue a pedirla en matrimonio, cuando ella tenía entre dieciséis o diecisiete años, la encontró encinta.

Pregunta: ¿Cuántos años tenía José en el momento de la boda?
Respuesta: Treinta y seis.
Pregunta: ¿Cuántos años tenía María en el momento de la boda?
Respuesta: Dieciséis.
Pregunta: ¿Se conocían María y José socialmente antes de ser elegidos para ser marido y mujer?
Respuesta: Sí. Como podrían conocerse los miembros selectos de una logia; no por medio de lo que se pueden llamar visitaciones; ni tampoco como si fueran elegidos por la secta o las familias. En aquellos tiempos, en la mayoría de las familias judías, los padres de los contrayentes hacían los arreglos; mientras que en este caso, los contrayentes no habían sido elegidos por sus familias. ¡Incluso se cuestionaba la pertenencia de Ana y su hija a alguna familia! Así visto, no era para nada una elección como si hubieran sido designados por los líderes de la secta o del grupo; o de la logia o iglesia... 5749-8

La visión de José

La historia de la duda de José y de cómo recobró la confianza se cuenta en el siguiente pasaje de la Biblia:

> El nacimiento de Jesús se produjo de esta manera: Su madre, María, estaba desposada con José y, antes de

empezar a estar juntos ellos, se encontró encinta por obra del Espíritu Santo.

Su marido, José, como era justo y no quería ponerla en evidencia, resolvió repudiarla en secreto.

Mientras que él pensaba así, el Ángel del Señor se le apareció en sueños y le dijo: "José, hijo de David, no temas tomar contigo a María tu mujer porque lo engendrado en ella es del Espíritu Santo.

Y Ella dará a luz un hijo y tú le pondrás por nombre Jesús, porque Él salvará a su pueblo de sus pecados."

Todo esto sucedió para que se cumpliese el oráculo del Señor por medio del profeta, que decía:

"La Virgen concebirá y dará a luz un hijo, a quien pondrás por nombre Emmanuel, que significa Dios con nosotros."

Cuando José despertó del sueño, hizo como el Ángel del Señor le había mandado, y tomó consigo a su mujer.

Y no la conocía hasta que Ella dio a luz un hijo, y le puso por nombre Jesús.

El nacimiento de Jesús

Sucedió que por aquellos días salió un edicto de César Augusto que ordenaba que se empadronara todo el mundo.

Iban todos a inscribirse, cada uno a su ciudad.

Y José se fue de Nazaret, una ciudad de Galilea, y se dirigió a Belén de Judea, la ciudad de David, por ser él de la casa y familia de David.

Y sucedió que mientras estaban allí, María dio a luz a su hijo.

Lo envolvió en pañales y lo acostó en un pesebre, porque no había sitio para ellos en la posada.

Había en la misma comarca algunos pastores, que dormían en el campo, y vigilaban por turno su rebaño durante la noche.

Se les presentó el Ángel del Señor, y la gloria del Señor los envolvió en su luz; y se llenaron de temor.

El Ángel les dijo: "No temáis, pues os anuncio una gran alegría, que lo será para todo el pueblo.

Porque hoy ha nacido, en la ciudad de David, un Salvador, que es el Cristo Señor.

Y esto os servirá de señal: encontraréis un niño envuelto en pañales y acostado en un pesebre."

Y de pronto, se juntó con el Ángel una multitud del ejército celestial, que alababa a Dios diciendo:

"Gloria a Dios en las alturas y en la tierra paz a los hombres en quienes Él se complace."

Y después que los ángeles volvieron al cielo, los pastores se decían unos a otros: "Vayamos, pues, hasta Belén y veamos lo que ha sucedido y que el Señor nos ha manifestado."

Y fueron a toda prisa, y encontraron a María y a José, y al Niño acostado en el pesebre.

Al verlo, dieron a conocer lo que les habían dicho de aquel Niño.

Y todos los que lo oyeron se maravillaban de lo que los pastores les decían.

Pero María guardaba estas cosas y las meditaba en su corazón.

Y los pastores se volvieron glorificando y alabando a Dios por todo lo que habían visto y oído.

Cayce describe maravillosamente la escena del nacimiento en la siguiente lectura:

Tenemos la información que se ha indicado con respecto a algunos de los acontecimientos en torno al nacimiento de Jesús, el hijo de María, en Belén de Judea.

Los propósitos por los cuales se hizo el viaje en este momento son muy conocidos. Se conocen las actividades de José. La diferencia de edades entre ellos no se trata a menudo.

Tampoco hay mucha información histórica, ya sea sagrada o profana, con respecto a la preparación de la madre para ese canal a través del cual podría tener lugar la inmaculada concepción. Y la inmaculada concepción es un obstáculo para muchos estudiosos mundanos.

La llegada se produjo al atardecer, no como se contaba en el tiempo de los romanos, ni como Dios le declaró a Moisés cuando se debía observar la segunda Pascua, ni tampoco en el mismo tiempo que se usaba entonces, inclusive en esa tierra, sino en el que hoy sería el 6 de enero.

Estaba fresco y había multitudes en el camino. Porque era sólo el viaje del Sabat desde Jerusalén por el día. Había grandes multitudes de gente de las montañas de Judea en el camino.

La gente de esa tierra poco común provenía de diversos oficios. Algunos eran carpinteros, como los de la casa de José, que se habían retrasado en el viaje porque la Madre estaba embarazada. Algunos del grupo eran ayudantes de José: aprendices de carpintero. También estaban los pastores, los labradores, y los diversos grupos que poseían sus pequeños rodeos, como era necesario según las condiciones de las tierras cerca de Nazaret.

Al atardecer, José se acercó a la posada, que estaba repleta de la gente que también había viajado hasta allí para inscribirse. De esta forma, era posible determinar el impuesto que la gente de esta tierra pagaría a los romanos. Así, habían enviado a quienes evaluarían las habilidades de los diversos grupos que iban a ser gravados. Y cada individuo, de acuerdo con la ley romana, debía ser empadronado en su ciudad natal.

José y María eran miembros de la secta de los esenios; y por lo tanto, no sólo fueron interrogados por las autoridades políticas, sino también por las jerarquías religiosas de las ciudades.

También existió la respuesta del posadero: "No hay lugar en la posada", especial para tal ocasión. Se oyeron risas y burlas cuando vieron al anciano con la hermosa niña, su mujer, que tenía un embarazo avanzado. No sólo se vio la desilusión en la cara de José, sino también en la de la hija del posadero y en la de ciertos grupos cercanos a la posada. Porque muchos veían la posibilidad de ser testigos de una historia poco común, si el nacimiento se produjera en la posada. Afuera también había consternación entre los que habían oído que José y María habían llegado y no se les había dado un cuarto. Estos comenzaron a buscar cobijo en algún lugar.

Porque, recordemos que muchos de ellos también pertenecían a aquel grupo cuestionado, que sabía que esa niña, la hermosa mujer de José, había sido elegida por los ángeles en la escalera; y que también habían oído lo que había sucedido en las montañas donde había ido Isabel, cuando recibió la visita de su prima; y todas las otras cosas que también le habían ocurrido en su vida. Dichas historias se pasaban en susurros de unos a otros. Así, muchos se unieron para buscar un lugar para ellos. Debían encontrarlo rápido. Luego, lo encontraron, al pie de la colina, en el establo, sobre el que los pastores estaban encerrando sus rebaños.

Allí nació el Salvador, el Niño, quien, por medio de la voluntad y de la vida manifiesta, se convirtió en el Salvador del Mundo; el canal a través del cual se les había anunciado a los antiguos que se cumpliría la promesa que se le había hecho a *Eva;* el resurgimiento de uno similar sobre Moisés; y como se le dijo a David, la promesa era la de no apartarse de ese canal. Pero los conceptos del hombre habían caído cada vez más bajo.

Así, cuando parecía no haber más esperanza, los ángeles heraldos cantaron. Apareció la estrella que causó admiración entre los pastores y sorpresa y consternación entre todos los que estaban cerca de la posada; algunos se burlaron, otros se impresionaron con la convicción de que las crueldades habrían de ser cambiadas cuando ocurriera lo anunciado.

Todos se llenaron de admiración cuando Su estrella apareció y brilló, mientras la música de las esferas traía ese coro maravilloso: "¡Paz en la tierra! Buenos deseos para los hombres de buena voluntad."

Todos sintieron las vibraciones y vieron una gran luz, no sólo los pastores sobre el establo sino también todos los de la posada.

Seguramente, los que dudaban disiparon estas certezas diciendo que habían tomado demasiado vino y cualquier otra cosa.

Cuando llegó la medianoche, se produjo el

nacimiento del Maestro.

La hija del posadero llegó rápidamente, y también su madre y los pastores que respondieron al llamado, que habían ido a ver lo que iba a suceder.

Esas eran las costumbres y las que se presentaron muy pronto. Porque durante el período de purificación, la Madre permaneció allí, creyendo que era mejor quedarse, a pesar de habérsele ofrecido toda la ayuda posible; y se quedó en el templo hasta la circuncisión y la presentación a los Magos, a Ana y a Simeón.

Así era el entorno en el momento del nacimiento de Jesús.   5749-15

La visita de los Magos

Nacido Jesús en Belén de Judea, en tiempos del Rey Herodes, unos Magos que venían de Oriente se presentaron en Jerusalén.

Y decían: "¿Dónde está el Rey de los judíos que ha nacido? Pues vimos Su estrella en el Oriente y hemos venido a adorarle."

Cuando Herodes oyó esto se sobresaltó y con él toda Jerusalén.

Y él convocó a todos los sumos sacerdotes y escribas del pueblo, y por ellos se estuvo informando del lugar donde iba a nacer el Cristo.

Ellos le dijeron: "En Belén de Judea, porque así está escrito por medio del profeta. Belén, en la tierra de Judá, no es la menor de las ciudades de Judá; porque de allí surgirá un jefe que será el Pastor de mi pueblo, Israel."

Entonces Herodes llamó aparte a los Magos y por sus datos precisó el tiempo de la aparición de la estrella.

Después, enviándolos a Belén les dijo: "Vayan e indaguen cuidadosamente sobre ese niño; y cuando lo encuentren comuníquenmelo, para ir yo también a adorarlo."

Ellos se pusieron en camino después de oír al rey, y he aquí que la estrella que habían visto en el Oriente iba delante de ellos hasta que llegó y se detuvo encima del lugar donde estaba el niño. Al ver la estrella se llenaron de inmensa alegría.

Entraron en la casa, vieron al niño con María, su madre y, postrándose, le adoraron. Abrieron luego sus cofres y le ofrecieron dones de oro, incienso y mirra.

Pero Dios les avisó en sueños que no volvieran donde estaba Herodes y, entonces, se retiraron a su país por otro camino.

Cayce explica la relación de los Reyes Magos con Jesús en la siguiente lectura:

Como lo indicaban los viajes del Maestro durante los períodos de preparación, toda la tierra, todo el planeta buscaba una mayor comprensión. Por lo tanto, a través de los esfuerzos de los estudiosos de las distintas fases de las experiencias del hombre en la tierra, como se puede interpretar literalmente de los primeros capítulos del Génesis, se consideraban acordes con los fines a aquellos que dominaban la comprensión de las leyes de la tierra, y que no estaban

gobernados por ellas y a los que ocupaban el lugar de los sabios, o de los santos, de cuerpo y alma.

Por eso consideramos que los Reyes Magos eran aquellos que buscaban la verdad en este acontecimiento; en y por medio de la aplicación de aquellas fuerzas, que hoy en día se llamarían psíquicas- ellos llegaron al lugar "donde estaba el niño." O fueron llevados como aquellos que estaban dando gracias por este Regalo, esta expresión de un alma que busca mostrar al hombre descarriado su camino de vuelta a Dios.

Entonces, en el sentido metafísico, ellos representan las tres fases de la experiencia del hombre en la materia; el oro, lo material; el incienso, el éter o etéreo; la mirra, la fuerza curativa que venía con él; o bien cuerpo, mente y alma.

Estas eran las posiciones que ocupaban los Reyes Magos y sus correspondencias; o para ponerlo en términos actuales, ellos representaban el incentivo que necesitaba la Madre y aquellos que habían nutrido y apreciado este hecho en la experiencia de la humanidad.

Llegaron durante los días de purificación, pero seguramente, sólo después de que ella se hubo purificado fueron presentados al niño. *viajes de Jesús?*

Respuesta: Como se acaba de indicar, representaban las tres fases de la experiencia del hombre y las tres fases del maestro de Egipto, de Persia y de la India. 749-7

El bebé Jesús en el templo

Cuando se cumplieron los ocho días para circuncidarlo, se le dio el nombre Jesús, el que le había dado el Ángel antes de ser concebido en el seno.

Cuando se cumplieron los días de la purificación, según la Ley de Moisés, llevaron a Jesús a Jerusalén para presentarle al Señor. Y para ofrecer en sacrificio un par de tórtolas o dos pichones, conforme a lo que se dice en la Ley del Señor.

Había un hombre llamado Simeón en Jerusalén, este hombre era justo y piadoso, y estaba en él el Espíritu Santo.

Le había sido revelado por el Espíritu Santo que no vería la muerte antes de haber visto al Cristo del Señor.

Movido por el Espíritu, Simeón vino cuando los padres introdujeron al niño Jesús en el Templo, para cumplir lo que la Ley prescribía sobre él.

Simeón le tomó en sus brazos y bendijo a Dios diciendo: "Ahora, Señor, puedes dejar que tu siervo se vaya en paz, porque han visto mis ojos tu salvación, la que has preparado a la vista de todos los pueblos, luz para iluminar a los gentiles y gloria de tu pueblo, Israel." José y María estaban admirados de lo que él decía. Y Simeón les bendijo y dijo a María, su madre: "Este Niño ha sido enviado para la caída y la elevación de muchos en Israel, y para ser señal de contradicción, sí, una espada que te atravesará el alma a ti también, a fin de que queden al descubierto las intenciones de muchos corazones."

Había también en el templo una profetisa, Ana, viuda y de edad avanzada. Pero servía a Dios noche y día en ayunos y oraciones. Ella también vio a Jesús y alababa a Dios, y hablaba del niño a todos los que esperaban la redención en Jerusalén.

Huida a Egipto

El Ángel del Señor se le apareció en sueños a José y le dijo: Levántate, toma contigo al niño y a su madre y huye a Egipto, y quédate allí hasta que yo te diga. Porque Herodes va a buscar al niño para matarlo.

Él se levantó, tomó de noche al niño y a su madre, y se retiró a Egipto. Estuvo allí hasta la muerte de Herodes: para que, por medio del profeta, se cumpliera el oráculo del Señor que afirmaba: "De Egipto llamé a mi Hijo."

Cuando Herodes vio que había sido burlado por los Magos, se enfureció terriblemente y mandó matar a todos los niños menores de dos años que vivieran en Belén o en su comarca.

Entonces se cumplió el oráculo del profeta Jeremías, cuando dijo: "Se ha oído un clamor en Ramá, mucho llanto y lamento: es Raquel que llora a sus hijos, y no quiere consolarse, porque ya no existen."

Cayce describe la huida a Egipto en las siguientes lecturas:

Así esta entidad, Josi, fue seleccionada o elegida por los miembros de la Hermandad, a veces llamada la Hermandad Blanca en el

presente, para ser la doncella o compañera de María. Jesús y José, durante la huida a Egipto.

Esto comenzó un anochecer, y el viaje, a través de algunas zonas de Palestina, desde Nazaret hasta la frontera de Egipto, se hacía durante la noche.

No debemos pensar que solo estaban José, María, Josi y el niño. Porque había otros grupos que los precedían y seguían de modo que pudieran tener la protección física para que, como había sido considerado por estos grupos de gente, se cumpliera la Promesa del Único.

... cerca de lo que entonces era Alejandría.

1010-17

... viviendo cerca de los arroyos o zonas donde había pozos de agua, en las tierras más altas de Egipto hacia donde huyeron.

Durante esos momentos del viaje Josi, la entidad, los asistía; y no era una distancia corta para un niño muy pequeño, y para una madre tan joven... 1010-12

Se describe la vuelta de María, José y Jesús de Egipto en los siguientes pasajes de la Biblia:

Muerto Herodes, el Ángel del Señor se apareció en sueños a José en Egipto y le dijo: "Levántate y toma contigo al niño y a su madre, y ponte en camino de la tierra de Israel; pues ya han muerto los que buscaban la vida del niño."

Él se levantó, tomó consigo al Niño y a su Madre, y entró en tierra de Israel. Pero al enterarse de que Arquelao reinaba en Judea en lugar de su padre Herodes, tuvo miedo de ir allí, y avisado por Dios en sueños, se retiró a la región de Galilea.

Y fue a vivir en una ciudad llamada Nazaret para que se cumpliese el oráculo de los profetas: "Será llamado Nazareno."

El niño Jesús en el Templo

María y José iban todos los años a Jerusalén a celebrar la fiesta de Pascua.

Y cuando Jesús tuvo doce años, subieron a Jerusalén para la fiesta como de costumbre.

Y cuando la fiesta había terminado, el niño Jesús se quedó en Jerusalén, sin saberlo María o José.

Pero creyendo que estaba en la caravana, hicieron un día de camino.

Y le buscaban entre parientes y conocidos, pero al no encontrarlo, se volvieron a Jerusalén en su busca.

Y sucedió que al cabo de tres días, lo encontraron en el Templo sentado en medio de los maestros, escuchándolos y preguntándoles.

Todos los que lo oían estaban estupefactos por su inteligencia y sus respuestas.

Cuando lo vieron quedaron sorprendidos, y su madre le dijo: "Hijo, ¿por qué nos has hecho esto? Mira, tu padre y yo, angustiados te andábamos buscando."

Y Él les dijo: "Y ¿Por qué me buscaban? ¿No

sabían que yo debía estar en la casa de mi Padre?"
Pero ellos no comprendieron la respuesta que les dio.
Entonces bajó con ellos y vino a Nazaret, y vivía sujeto a ellos. Y su madre guardaba cuidadosamente todas las cosas en su corazón.

Y Jesús progresaba en sabiduría, en estatura y en gracia ante Dios y ante los hombres.

Cayce nos relata el entrenamiento del niño Jesús en las siguientes lecturas:

Pregunta: ¿Se pueden obtener más detalles sobre el entrenamiento del Niño?
Respuesta: Solamente los que tienen que ver con el período de tiempo comprendido entre los seis y los dieciséis años, que estaban en conformidad con los principios de la hermandad; y también su entrenamiento en la ley judía o mosaica del período. Esto se leyó, se interpretó de acuerdo con aquellas actividades definidas y delineadas para los padres y compañeros del cuerpo en desarrollo. Recuerden y no se olviden: Él era normal, se desarrolló normalmente. ¡Los que estaban cerca de Él veían las características que podrían ser las de cualquiera que tuviera puesta su confianza totalmente en Dios! ¡Y no a todos los padres se les puede decir todos los días: dediquen su vida a que su retoño pueda ser llamado al servicio de Dios, para la gloria de Dios y para hacer honor a vuestro nombre!
1010-17

Pregunta: ¿Jesús Podía hacer milagros, como dice la iglesia Católica? Y ¿Era clarividente, clarioyente y recordaba sus encarnaciones pasadas? [Las lecturas nos dicen que las encarnaciones anteriores de Jesús eran: Adán, Enoch, Melquisedec, Josué, Zend y José entre otros.]

Respuesta: Lean el primer capítulo de Juan y verán. ["Y la palabra se hizo carne, y habitó entre nosotros... "] Con respecto a las actividades del niño, la investidura trajo cada vez más la influencia de lo que hoy se llamaría un amuleto de buena suerte o una oportunidad de buena suerte, y no un estado de conciencia. Esta conciencia comenzó con el ministerio desde el período en el que Él andaba en busca de actividades a la entrada del templo y discutía o conversaba con los rabinos a los doce años. Así era la búsqueda del aprendizaje a través de Su asociación con los maestros de ese período.

2067-7

Cuando Jesús era niño, lo instruía una mujer que Cayce llama Judy, que era líder de los esenios. Cuando Jesús creció, viajó a la India, Persia y Egipto donde los grandes maestros de esos tiempos lo instruyeron.

Pregunta: Díganos: ¿dónde y cómo le enseñaba Judy a Jesús, qué temas Le enseñaba y cuáles eran los temas que ella quería que Él estudiara en el extranjero?

Respuesta: ¡Las profecías! ¿Dónde? En su casa. ¿Cuándo? Durante aquellos períodos entre los doce y los dieciséis años, cuando Él fue a Persia y luego a la India. En Persia, cuando su padre murió. En la India, cuando Juan fue a Egipto por primera vez, donde Jesús se le unió y ambos fueron iniciados en la pirámide o templo que estaba allí.

Pregunta: ¿Qué temas quería Judy que Él estudiara en el extranjero?

Respuesta: Lo que hoy en día ustedes llamarían astrología.   2067-11

Pregunta: ¿Con quién estudió en la India?
Respuesta: Con Kshjiar [?].
Pregunta: ¿Con quién en Persia?
Respuesta: Con Janer[?]
Pregunta: ¿En Egipto?
Respuesta: Con Zar[?]
Pregunta: Resuma las enseñanzas que recibió en la India y también en Persia y Egipto.

Respuesta: En la India aprendió lo concerniente a las purificaciones del cuerpo que tienen que ver con la fortaleza en el hombre físico y mental. En los viajes y en Persia aprendió sobre la armonía de fuerzas que tienen que ver con las enseñanzas dadas por Zu y Ra. En Egipto, lo que había sido la base de todas las enseñanzas de aquellos en el templo, y las acciones que siguieron a su crucifixión en relación con los ideales que condujeron a la consecución de lo que debía ser hecho.   5749-2

Jesús en Egipto

De acuerdo con las lecturas de Cayce la Gran Pirámide de Egipto no es una tumba, sino un monumento construido por los sobrevivientes de la destrucción del continente de la Atlántida para resistir para siempre el paso del tiempo. Fue construido como templo, y fue en este templo donde Jesús y Juan el Bautista fueron iniciados en la Hermandad Blanca de los esenios.

Cuando se abrió la Gran Pirámide en el 1800 no se encontró ningún cuerpo en el sarcófago o féretro. El sarcófago vacío simboliza la victoria de Jesús sobre el sepulcro, ya que Él rompió el ciclo de la vida y de la muerte con Su resurrección.

Pregunta: Por favor describa la educación de Jesús en Egipto en las Escuelas Esenias de Alejandría y Heliópolis, mencionando algunos de Sus maestros más destacados y los temas que estudió.

Respuesta: En Alejandría no, en Heliópolis, durante el período de preparación para el sacerdocio, o cuando rindió Sus exámenes allí, como lo hizo Juan. Uno estaba en una clase y el otro en la otra...

No como maestros, sino que fueron *examinados* por ellos y allí aprobaron sus exámenes. Estos exámenes, como lo han sido desde que fueron establecidos, eran pruebas a través de las cuales se lograba ser aceptado o rechazado por las influencias de los místicos y

por los diversos grupos o escuelas en otras tierras. Porque, como se ha indicado a menudo a través de este canal [Cayce], la unificación de las enseñanzas de muchos lugares se produjo en Egipto; porque ese era el centro desde el cual se debía irradiar la influencia sobre la tierra. Así lo indican las primeras estipulaciones de dichas pruebas o del registro del tiempo como había sido, era y será, hasta que se empiece el nuevo ciclo.

Pregunta: Por favor, describa las iniciaciones de Jesús en Egipto, indicando si la referencia del Evangelio a "tres días y tres noches en el sepulcro o tumba," probablemente en forma de cruz, indica una iniciación especial.

Respuesta: Esta es parte de la iniciación, es parte de un pasaje a través del cual... cada alma debe lograr su desarrollo, como lo ha hecho el mundo a través de cada período de su encarnación en la tierra... La prueba de la tierra por medio del paso a través de la tumba, o de la pirámide, es aquella, a través de la cual cada entidad, cada alma, como lo hacen los iniciados, debe pasar para lograr su liberación, como indica la tumba vacía, que nunca ha sido ocupada. Sólo Jesús pudo romperla, cuando se transformó en lo que indicaba Su compromiso.

Y allí, como iniciado, Él se fue para pasar por la iniciación, mediante el cumplimiento, como estaba estipulado en el Bautismo en el Jordán... Él pasó de esa actividad al desierto para saldar lo que había sido su ruina en el principio.

2067-7

Jesús partió desde el bautismo de Juan hacia el desierto, para encontrarse con Satanás y vencerlo. Este había sido su ruina en el principio, cuando Jesús era Adán. Satanás había engañado a Adán y había hecho que la muerte entrara en nuestra conciencia; entonces, este era el compromiso de Jesús: ganarle a la muerte y a Satanás.

Todo esto está simbolizado en la Gran Pirámide por el sarcófago vacío y las siete piedras sobre él. El sarcófago vacío muestra que no hay muerte o que el espíritu sobrevive a la muerte. Las siete piedras sobre el sarcófago simbolizan la elevación de energía a través de los siete centros endócrinos durante la meditación y la oración. Así es como Jesús venció a la muerte, estando en sintonía con los centros de conciencia más elevados. Así es también cómo cada alma en la tierra puede desarrollarse y por último vencer a la muerte.

Jesús venció al mundo porque estaba en sintonía con la Conciencia Crística interior.

Pregunta: ¿Cuál es el significado e importancia de las palabras Jesús y Cristo y cómo deberían ser comprendidas y aplicadas?

Respuesta: Jesús es el hombre, la actividad, la mente, las relaciones que Él llevaba a otros. Él era diligente con Sus amigos, Él era sociable, Él era amoroso, Él era amable, Él era gentil. ¡Él se cansaba, Él se debilitaba, y sin embargo ganó esa fortaleza que Él había prometido, al convertirse en Cristo, al cumplir con su promesa de vencer al mundo! Uno se fortalece

en cuerpo, mente, alma y propósito por ese poder en Cristo. ¡El *poder,* entonces, está en el Cristo! 2533-7

Descripción física de Jesús

A esta altura, sabemos cómo fue el entrenamiento de Jesús cuando era niño, cuando buscaba y aprendía de los esenios y de los grandes maestros de esa época. Pero, ¿cómo era físicamente? Muy pocos saben que en los archivos de Roma existe una descripción física de Jesús. Está en un informe escrito en vida de Jesús por un romano, PluvioLentulo, al Emperador Tiberio. Dice lo siguiente:

Ha aparecido en Palestina un hombre que aún está vivo y cuyo poder es extraordinario. Tiene el título de Gran Profeta que se le ha conferido; sus discípulos lo llaman el Hijo de Dios. Resucita a los muertos y cura toda clase de enfermedades.

Es un hombre alto y bien proporcionado, y hay un aire de severidad en su semblante que atrae inmediatamente el amor y reverencia de aquellos que lo ven. Su cabello es del color del vino nuevo desde la raíz hasta las orejas, y desde allí hasta los hombros es enrulado y cae hasta la parte más baja de ellos. En la frente, se divide en dos como lo usan los Nazarenos.

Su frente es chata y bella, su cara no tiene ni manchas ni defectos, y está adornada con una expresión llena de gracia. Su nariz y boca están bien proporcionadas, su barba es gruesa y el color de su cabello. Sus ojos son grises y extremadamente vivaces.

En sus reprobaciones, es terrible, pero en sus exhortaciones e instrucciones, es amable y cortés. Hay algo muy atractivo con una mezcla de seriedad en su rostro. Nunca se lo ha visto reír, pero se lo ha visto llorar [Cayce nos dice que Jesús se reía y bastante a menudo]. Es muy erguido, sus manos son grandes y abiertas, sus brazos son muy hermosos.

Habla poco, pero con gran clase y es el hombre mejor parecido del mundo.

La descripción anterior coincide con la que se encuentra entre las lecturas de Cayce:

... una [descripción de Jesús]como la que podría aparecer en un lienzo[sería] totalmente diferente de todas las que han mostrado el rostro, el cuerpo, los ojos, el corte del mentón y la falta total del perfil judío o ario. Porque estas eran claras, limpias, rojizas, el cabello casi como el de David, un marrón dorado, rojo amarillento...   5354-1

Ministerio de Juan el Bautista

Por aquellos días aparece Juan el Bautista, predicando en el desierto de Judea. Y decía: "Conviértanse, porque ha llegado el Reino de los Cielos."

Porque Este es Aquél de quien habla el profeta Isaías cuando dice: "Voz que clama en el desierto: Preparen el camino del Señor, enderecen sus sendas."

Juan tenía su vestido hecho de pelos de camello y un cinturón de cuero, y su comida eran langostas y miel silvestre.

Él fue a Jerusalén y a toda Judea, y a toda la región cercana al Río Jordán, y bautizaba a la gente en el río Jordán, confesando sus pecados.

Pero cuando él vio venir muchos fariseos y saduceos al bautismo, les dijo: "Raza de víboras, ¿quién les ha enseñado a huir de la ira inminente?"

Den, pues, frutos dignos de arrepentimiento y no crean que basta con decir en vuestro interior: 'Somos hijos de Abrahán', porque os digo que Dios puede dar hijos a Abrahán de estas piedras.

Ya está puesta el hacha a la raíz de los árboles, y todo árbol que no dé buen fruto será cortado y arrojado al fuego.

Yo los bautizo en agua para arrepentimiento; mas el que viene detrás de mí, es más poderoso que yo; y no soy digno de aflojar el cordón de sus zapatos: él los bautizará en espíritu Santo y en fuego.

En su mano tiene el bieldo, y va a aventar su era, recogerá su trigo en el granero, pero quemará la paja con el fuego que no se apagará."

Bautismo de Jesús

Jesús vino de Galilea para encontrarse con Juan en el río Jordán, para ser bautizado por él.

Pero Juan le decía: "Soy yo el que necesita ser bautizado por ti, ¿y Tú vienes a mí?"

Jesús le respondió: "Déjame ahora, pues conviene que así cumplamos toda justicia. Entonces Juan lo dejó."

Y después que Jesús fue bautizado, subió luego del agua, y los cielos se abrieron, y vio al Espíritu de Dios que bajaba en forma de paloma y venía sobre él.

Y una voz que salía de los cielos decía: "Este es mi

Hijo amado, en el cual me complazco."

Tentación de Jesús

Entonces Jesús fue llevado por el Espíritu al desierto para ser tentado por el diablo.
Ayunó cuarenta días y cuarenta noches y al fin sintió hambre.
Y acercándose el tentador, le dijo, Si eres el hijo de Dios, di que estas piedras se conviertan en panes.
Jesús respondió y dijo: "Está escrito. No sólo de pan vive el hombre, sino de toda palabra que sale de la boca de Dios." Entonces el diablo lo llevó consigo a la Ciudad Santa, lo puso en el alero del Templo, y le dijo: "Si eres Hijo de Dios, tírate abajo, porque está escrito: 'A sus ángeles te encomendará, y en tus manos te llevarán, para que no tropiece tu pie en piedra alguna.'"
Jesús le dijo: "También está escrito: No tentarás al Señor tu Dios."
Otra vez el diablo lo lleva consigo a un monte muy alto, le muestra todos los reinos del mundo y su gloria.
Y le dijo: "Te daría todo esto, si te postraras y me adoraras."
Y le dijo: "Apártate, Satanás, porque está escrito: 'Sólo adorarás al Señor, y a Él solo servirás.'"
Entonces el diablo lo dejó. Y he aquí que los ángeles llegaron y le servían.

Comienzo del ministerio de Jesús

Cuando Jesús oyó que Juan había sido llevado a

prisión, volvió a Galilea, y dejando Nazaret, vino a residir en Cafarnaúm junto al mar en la frontera de Zabulón y Neftalí, para que se cumpliera el oráculo del profeta Isaías:

"La tierra de Zebulun, y la tierra de Neftalí, al borde del mar más allá del Jordán, Galilea de las naciones; el pueblo que habitaba en las tinieblas ha visto una gran luz; y para los que habitaban en las sombras una luz ha comenzado a brillar."

Desde ese entonces Jesús comenzó a predicar y decir: "Conviértanse porque el Reino de los Cielos ha llegado."

Primeros discípulos de Jesús

Cuando Jesús caminaba por la ribera del mar de Galilea, vio a dos hermanos, Simón, llamado Pedro, y su hermano Andrés, echando la red en el mar, pues eran pescadores.

Y les dijo: "Venid conmigo, y los haré pescadores de hombres."

Y ellos al instante, dejando las redes lo siguieron.

Más adelante vio a otros dos hermanos, Santiago, el hijo de Zebedeo y su hermano Juan, que estaban en la barca con Zebedeo, su padre, arreglando sus redes, y los llamó.

Y ellos dejaron su barca y a su padre al instante, y lo siguieron.

La boda de Caná

Tres días después se celebraba una boda en Caná de Galilea, y estaba allí la madre de Jesús, y también estaban invitados Jesús y sus discípulos.

Después de un tiempo se acabó el vino, y María le dijo a Jesús: "No tienen vino."

Jesús le respondió: "¿Qué tiene que ver conmigo? Aún no ha llegado mi hora."

María dijo a los sirvientes: "Hagan lo que les diga."

Y trajeron seis tinajas de piedra, y Jesús les dijo: "Llénenlas de agua. Y las llenaron hasta arriba."

Luego les dijo: "Saquen un poco ahora, y llévenlo al maestresala. Ellos lo llevaron."

Y cuando el maestresala probó el agua convertida en vino, y como ignoraba de dónde provenía (los sirvientes sí que lo sabían), llamó al novio y le dijo: "Todos sirven primero el vino bueno, y cuando ya lo han tomado, el de menor calidad. Pero tú has guardado el vino bueno hasta ahora."

Así en Caná de Galilea Jesús dio comienzo a sus señales. Y manifestó Su Gloria; y Sus discípulos creyeron en Él.

La descripción de Cayce de la boda de Caná es la siguiente:

Seguramente se está salteando gran parte de lo que llevó a la experiencia [el milagro del vino]. Porque esto sucedió inmediatamente después del retorno del Maestro del Jordán y de que Él viviera al borde del mar, Su conversación con Pedro, después de que Andrés le contó a Pedro de lo sucedido en el Jordán; y también la boda en Caná de Galilea.

La niña era pariente de aquellos que estaban cerca de la Madre de Jesús, que preparó la fiesta de la boda, como se acostumbraba en ese momento, y sin embargo, está entre los de la fe

judía que adhieren a las tradiciones y costumbres de aquellos que habían sido elegidos por Dios como canal a causa de sus propósitos.

La niña[Clana] que debía casarse era hija de la prima de María, una de las hijas de una hermana menor de Isabel, cuyo nombre también era María. Y todos se referían a ella como " la otra María", y no como algunos han supuesto.

Las costumbres eran las de hacer una fiesta, en la que debía haber cordero asado con hierbas, panes que habían sido preparados en el modo especial que indicaba la costumbre y tradición de los que observaban la fe de Moisés, las costumbres de Moisés y los ritos de Moisés.

Estaban presentes las familias de María y las del novio.

El novio, que se llamaba Roel, era uno de los hijos de Zebedeo, era un hermano mayor de Santiago y Juan quienes se convertirían más tarde en seguidores y amigos cercanos de Jesús.

El Maestro, que estaba volviendo con los que estaban por allí, naturalmente, quería hablar con Su madre. Cuando supieron que Él estaba con sus seguidores, los invitaron a todos a la fiesta.

Parte de la costumbre era que hubiera mucho vino. Era el día que podríamos llamar 3 de junio. Había muchas flores y cosas del campo, y sin embargo, esto era solamente parte de lo necesario. Porque de acuerdo con la costumbre debía haber más carnes preparadas con ciertas hierbas, y vinos.

El día había estado lindo, el atardecer estaba claro, y la luna, llena. Así se tomaba mucho más vino, había más júbilo, y el baile se hacía en círculos, como era la costumbre, no sólo en esa tierra y en aquella época, sino como nuevamente se hace ahora en nuestra tierra [los Estados Unidos de Norteamérica][1], de vez en cuando.

Con todas estas actividades, empezó a escasear el vino. Recuerden que los hijos de Zebedeo eran, podría decirse, de clase alta; no de las más pobres. Esta es la razón por la cual María sirvió y preparó la fiesta para su pariente.

De aquellos hechos que formaban parte de su experiencia cuando volvieron de Egipto, y de cómo la comida había aumentado cuando ellos habían sido hechos a un lado mientras viajaban de vuelta hacia la Tierra Prometida, María sintió, supo, y estaba profundamente convencida de que nuevamente podría haber una experiencia similar, ya que su Hijo volvía como un hombre a comenzar Su misión. Porque, ¿cuál fue el anuncio que Gabriel le hizo a la madre cuando le habló? ¿Qué pasó con Isabel cuando la madre le habló?

Este podría ser llamado un primer período de prueba. Porque, ¿No habían pasado solo diez días desde que Él había echado a Satanás y desde que había recibido el ministerio de los Ángeles? Esto era de dominio público. De allí surge el interrogante natural del amor materno para estos propósitos; este Hijo, extraño de diversas formas, había elegido, al vivir en el desierto cuarenta días, y luego al volver a la gente humilde, a los pescadores de estas tierras. Esto suscitó las preguntas de la madre. 5749-15

---

[1] N.de la T

Segunda parte:

Su ministerio

Jesús recorría toda Galilea, enseñando en sus sinagogas, proclamando la Buena Noticia del Reino, y curando toda enfermedad y toda dolencia en el pueblo. Su fama llegó a toda Siria; y le trajeron todos los que se encontraban mal con enfermedades y sufrimientos diversos, incluyendo a aquellos que estaban poseídos por demonios, los epilépticos y paralíticos, y los curó.

Y le siguió una gran muchedumbre de Galilea, Decápolis, Jerusalén y Judea, y del otro lado del Jordán.

El sermón de la montaña

Al ver la muchedumbre, Jesús subió al monte, y cuando se sentó, Sus discípulos se le acercaron. Él comenzó a enseñarles, diciendo:

"Bienaventurados los pobres de espíritu, porque de ellos es el Reino de los Cielos.

Bienaventurados los que lloran, porque ellos serán consolados.

Bienaventurados los mansos, porque ellos poseerán en herencia la tierra.

Bienaventurados los que tienen hambre y sed de justicia, porque ellos serán saciados.

Bienaventurados los misericordiosos, porque obtendrán misericordia.

Bienaventurados los puros de corazón, porque ellos verán a Dios.

Bienaventurados los que trabajan por la paz, porque ellos serán llamados hijos de Dios.

Bienaventurados los perseguidos por causa de la justicia, porque de ellos es el Reino de los Cielos.

Bienaventurados serán cuando los injurien, y los

persigan y digan con mentira toda clase de mal contra ustedes por mi causa.

Alégrense y regocíjense, porque su recompensa será mayor en los cielos; pues de la misma manera persiguieron a los profetas anteriores a ustedes.

Ustedes son la sal de la tierra. Pero si la sal se desvirtúa, ¿con qué se salará? Ya no sirve para nada más que para ser tirada afuera y pisoteada por los hombres.

Ustedes son la luz del mundo. No puede ocultarse una ciudad que está en la cima de un monte.

Tampoco se enciende una lámpara y la ponen bajo una canasta, sino sobre una mesa para que alumbre a todos.

No piensen que he venido a abolir la Ley, o a los Profetas. No he venido a abolir, sino a dar cumplimiento.

Porque verdaderamente les aseguro: 'el cielo y la tierra pasarán antes que pase ni un punto ni una coma de la Ley sin que todo suceda.'

Por tanto, el que transgreda el menor de estos mandamientos y así lo enseñe a los hombres, será el más pequeño en el Reino de los Cielos. En cambio, el que los observe y los enseñe, ese será grande en el Reino de los Cielos.

A menos que su justicia sea mayor que la de los escribas y fariseos, no entrarán en el Reino de los Cielos.

Han oído que se dijo a los antepasados: 'No matarás, y aquel que mate correrá en peligro de ser juzgado.'

Pero les digo que todo aquel que se encolerice

contra su hermano sin causa alguna, correrá en peligro de ser juzgado, y todo aquel que insulte a su hermano y lo llame "imbécil" correrá peligro de caer al fuego del infierno.

Si al presentar tu ofrenda en el altar te acuerdas entonces de que un hermano tuyo tiene algo contra ti, deja tu ofrenda allí, delante del altar, y vete primero a reconciliarte con tu hermano; luego vuelves y presentas tu ofrenda.

Ponte enseguida de acuerdo con tu adversario mientras vas con él en el camino; no sea que tu adversario te entregue al juez, y el juez al guardia, y te metan en la cárcel.

Yo te aseguro: no saldrás de allí hasta que no hayas pagado el último centésimo.

Han oído que se dijo: 'No cometerás adulterio'. Pues yo les digo: 'Todo el que mira una mujer deseándola, ya cometió adulterio con ella en su corazón.'

Si, pues, tu ojo derecho te es ocasión de pecado, sácatelo y arrójalo de ti; más te conviene que se pierda uno de tus miembros y no que todo tu cuerpo sea arrojado al infierno.

Y si tu mano derecha te es ocasión de pecado, córtala y arrójala de ti; más te conviene que se pierda uno de tus miembros y no que todo tu cuerpo sea arrojado al infierno.

También se dijo: 'El que repudie a su mujer, que le dé acta de divorcio.'

Pues yo les digo: 'Todo el que repudia a su mujer, excepto el caso de unión ilegal, la hace ser adúltera; y el que se case con una repudiada comete adulterio.'

Han oído también que se dijo a los antepasados: 'No perjurarás, sino que cumplirás al Señor tus juramentos.'

Pues yo les digo que no juren de ningún modo; ni por el Cielo, porque es el trono de Dios; ni por la tierra, porque es el estrado de sus pies; ni por Jerusalén, porque es la ciudad del gran Rey. Ni tampoco juren por sus cabezas, porque no pueden convertir en blanco o negro uno solo de sus cabellos.

Sea nuestro lenguaje: 'Sí, sí'; o 'no, no.' Todo lo que se dice de más viene del Maligno.

Han oído decir que se dijo: 'Ojo por ojo y diente por diente.'

Pues yo les digo: 'No resistirás al mal, antes bien, al que te abofetee en la mejilla derecha, ofrécele también la otra.'

Al que quiera pleitear con ustedes para quitarles la túnica, déjenle también el manto.

A quien los obligue a andar una milla acompáñenlo dos.

A quien les pida den, y al que desee que le presten algo no le vuelvan la espalda.'

Han oído que se dijo: 'Amarás a tu prójimo y odiarás a tu enemigo.'

Pues yo les digo: 'Amen a sus enemigos y rueguen por los que los persigan, para que sean hijos de su Padre que está en el Cielo, que hace salir su sol sobre los malos y buenos y llover sobre justos e injustos.'

Porque si aman sólo a los que los aman, ¿qué recompensa van a tener? ¿No hacen lo mismo también los recaudadores de impuestos?

Y si no saludan más que a sus hermanos, ¿qué hacen de particular? ¿No hacen eso mismo también los gentiles?

Ustedes, pues, sean perfectos como es perfecto su Padre que está en el cielo.

Cuando den limosna, no vayan pregonando como lo hacen los hipócritas en las sinagogas y en las calles, para ser honrados por los hombres. En verdad les digo que ya reciben su paga. En cambio, cuando ustedes den limosna, que no sepa su mano izquierda lo que hace su derecha. Su limosna debe ser hecha en secreto, y su Padre, que ve en lo secreto, los recompensará abiertamente.

Cuando oren, no sean como los hipócritas, que gustan de orar en las sinagogas y en las esquinas de las plazas bien plantados para ser vistos por los hombres; en verdad les digo que ya reciben su paga.

En cambio, cuando ustedes vayan a orar, no utilicen vanas repeticiones, como lo hacen los paganos que se figuran que por su palabrería van a ser escuchados.

No hagan como ellos, porque vuestro Padre sabe lo que necesitan antes de que se lo pidan."

Ustedes, pues, oren así:

"Padre nuestro que estás en los cielos,
santificado sea Tu Nombre.
venga a nosotros tu Reino; hágase tu voluntad
así en la tierra como en el Cielo.
Danos hoy el pan de cada día;
y perdónanos nuestras ofensas,

así como nosotros perdonamos a los que nos ofenden;
y no nos dejes caer en la tentación,
mas líbranos del mal;
porque tuyo es el Reino, el Poder y la Gloria,
por siempre. Amén."

Si ustedes perdonan sus faltas a los demás, el Padre que está en el Cielo también los perdonará a ustedes. Pero si no perdonan a los demás, tampoco el Padre perdonará vuestras ofensas.

Cuando ayunen, no pongan cara triste, como los hipócritas, que desfiguran su rostro para que los hombres vean que ayunan. Les aseguro que con eso ya reciben su paga. Pero cuando ustedes ayunen, perfumen sus cabezas y laven sus rostros, para que su ayuno sea visto, no por los hombres, sino por tu Padre que está allí en lo secreto; y su Padre, que ve en lo secreto, los recompensará abiertamente.

No amontonen tesoros en la tierra, donde la polilla y la herrumbre los consumen, y ladrones perforan las paredes y los roban.

Acumulen, más bien, tesoros en el cielo, donde no hay polilla ni herrumbre que los consuma, ni ladrones que socaven o roben.

Porque donde esté tu tesoro, allí estará también tu corazón.

La lámpara del cuerpo es el ojo. Si tu ojo está sano, todo tu cuerpo estará luminoso. Pero si tu ojo está enfermo, todo tu cuerpo estará a oscuras. Y si la luz que hay en ti es oscuridad ¡Qué oscuridad habrá!

Nadie puede servir a dos señores; porque aborrecerá a uno y amará al otro; o bien se entregará a uno y despreciará al otro. No pueden servir a Dios y al dinero.

Por eso les digo: No anden preocupados por vuestra vida, ni por qué comerán, ni por sus cuerpos, ni con qué se vestirán. ¿No vale más la vida que el alimento, y el cuerpo más que el vestido?

Miren las aves del cielo: no siembran, ni cosechan, ni recogen en graneros; y vuestro Padre celestial las alimenta. ¿No valen ustedes más que ellas?

¿Quién de ustedes puede, por más que se preocupe, añadir un solo codo a su altura?

¿Por qué preocuparse por el vestido?

Observen los lirios del campo, cómo crecen, no se fatigan, ni hilan.

Y, sin embargo, yo les digo que ni Salomón, en toda su gloria, se vistió como uno de ellos.

Pues si Dios viste a la hierba del campo, que hoy es y mañana será tirada al horno, ¿no lo hará mucho más con ustedes, hombres de poca fe?

No anden, pues, preocupados, diciendo: '¿Qué vamos a comer?, ¿qué vamos a beber?, ¿con qué vamos a vestirnos?'. Porque por todas esas cosas se afanan los gentiles; pues ya sabe vuestro Padre celestial que tienen necesidad de todo eso.

Busquen primero su Reino y su justicia, y todas esas cosas se les darán por añadidura.

Así que nos se preocupen por el mañana; el mañana se preocupará por sí mismo. Cada día tiene bastante con su propio mal.

No juzguen, para no ser juzgados.

Porque con el juicio con que juzguen, serán juzgados, y con la medida con que midan, se los medirá.

¿Y por qué miran la brizna que hay en el ojo de sus hermanos, y no reparan en la viga que hay en el tuyo?

¿Cómo van a decir a sus hermanos: 'Deja que te saque la brizna del ojo', teniendo una viga en el ojo de ustedes?

Hipócritas, saquen primero la viga de su ojo, y entonces van a ver claro para sacar la brizna del ojo de sus hermanos.

No den a los perros lo que es santo, ni echen sus perlas delante de los cerdos, no sea que las pisoteen con sus patas, y después, volviéndose, los despedacen.

Pidan y se les dará; busquen y encontrarán; llamen y se les abrirá la puerta.

Porque el que pide, recibe; el que busca, encuentra; y al que llama se le abrirá la puerta.

¿Acaso alguno de ustedes daría a su hijo una piedra cuando le pide pan? ¿O le daría una culebra cuando le pide un pescado?

Pues si ustedes, que son malos, saben dar cosas buenas a sus hijos. ¡Con cuánta mayor razón el Padre de ustedes, que está en el Cielo, dará cosas buenas a los que se las pidan!

Por lo tanto, todo lo que quieran que les hagan los hombres, háganselo también ustedes a ellos: ahí están toda la Ley y los Profetas.

Entren por la puerta angosta, porque ancha es la puerta y espacioso el camino que conduce a la ruina, y son muchos los que pasan por él.

Porque la entrada es estrecha y el camino que lleva a la Vida es angosto, y pocos son los que lo encuentran.

Cuídense de los falsos profetas que se presentan ante ustedes cubiertos con pieles de ovejas, pero que por dentro son lobos feroces.

Ustedes los reconocerán por sus frutos. ¿Cosecharían ustedes uvas de los espinos o higos de los cardos?

Todo árbol sano da frutos buenos, mientras que el árbol malo produce frutos malos.

Todo árbol que no da buenos frutos se corta y se echa al fuego.

Por lo tanto, ustedes los reconocerán por sus obras.

No bastará con decirme: 'Señor, Señor', para entrar en el Reino de los Cielos. Más bien entrará el que hace la voluntad de mi Padre del Cielo.'

Aquel día muchos me dirán: '¡Señor, Señor! Hemos hablado en Tu Nombre, y en Tu Nombre hemos expulsado demonios y realizado muchos milagros.'

Entonces yo les diré claramente: 'Nunca los conocí. Aléjense de mí, ustedes que hacen el mal.'

Si uno escucha estas palabras mías y las pone en práctica, diré de él: 'Aquí tienen al hombre sabio y prudente, que edificó su casa sobre roca. Cayó la lluvia, se desbordaron los ríos, soplaron los vientos y se arrojaron contra aquella casa, pero la casa no se derrumbó, porque tenía los cimientos sobre roca.'

Pero diré del que oye estas palabras mías, y no las pone en práctica: 'Aquí tienen a un tonto que construyó su casa sobre arena. Cayó la lluvia, se desbordaron los ríos, soplaron los vientos y se arrojaron contra esa casa. La casa se derrumbó; y fue grande su ruina.' "

Cuando Jesús terminó este discurso, la gente estaba admirada de cómo enseñaba, porque lo hacía con autoridad, y no como uno de los escribas.

El entorno de Jesús

Este podría ser un buen momento para mostrar una imagen de los amigos y de la familia que estaban alrededor de Jesús.

Primero, estaban los esenios, encabezados por una mujer, a la que Cayce llama Judy. Jesús, su familia, sus parientes, y Juan el Bautista eran miembros de esta secta.

Luego estaban sus doce apóstoles: Pedro; Andrés; Santiago, el hijo de Zebedeo; Juan; Felipe; Bartolomé; Tomás; Mateo; Simón; Santiago, el hijo de Alfeo; Lebeo, cuyo sobrenombre era Tadeo; y Judas Iscariote.

La familia de Jesús, según Cayce, estaba compuesta por José y María, sus hermanos, Santiago y Jude, y su hermana Ruth.

Entre los amigos más cercanos a Jesús estaban la familia de Marta, María Magdalena, y Lázaro. Vivían en "la pequeña casa en Betania", como la llamaba Cayce. En este entorno se llevaron a cabo los episodios relacionados con la vida del Maestro, incluyendo la resucitación de Lázaro de entre los muertos. (En realidad, la ciudad de Betania cambió su nombre por el de "El Lazaria" después de la Crucifixión, y su nombre ha permanecido hasta nuestros días)

Sin embargo, mi historia favorita de Jesús tiene que ver con un hombre no creyente. Este hombre había oído todas las historias acerca de los milagros hechos por Jesús, las curaciones, las cosas sorprendentes que decía Jesús, y aún así no creía. Entonces, un día, vio a Jesús entre una multitud de gente, y miró sus ojos. Sólo fue necesario mirar sus ojos para que el hombre creyera. ¡Qué poderosos deben haber sido esos ojos!

Jesús cura los enfermos

Cuando Jesús bajó del monte, lo siguió una gran muchedumbre.

Y un leproso se acercó y se postró ante Él y le dijo: "Señor, si quieres puedes limpiarme."

Y Jesús extendió la mano, lo tocó y dijo: "Sí, quiero. Quedas limpio." Y al instante quedó limpio de su lepra.

Y Jesús le dijo: "No se lo digas a nadie, sino vete, muéstrale al sacerdote y presenta la ofrenda que prescribió Moisés, para que les sirva de testimonio."

Jesús fue a Cafarnaún, y un centurión romano se le acercó y dijo: "Señor, mi sirviente está en casa, paralítico, y sufre terriblemente."

Y Jesús le dijo: "Yo iré para curarlo."

El centurión le respondió: "Señor, yo no soy digno

de que entres en mi casa, basta que digas una palabra y mi sirviente quedará sano."
Porque yo soy un hombre de gran autoridad, tengo soldados a mis órdenes, y digo a este: "Vete", y se va; y a otro: "Ven", y viene; y a mi siervo: "haz esto", y lo hace.

Cuando Jesús oyó esto, quedó admirado y dijo a los que lo seguían: "Les aseguro que en Israel no he encontrado en nadie una fe tan grande."

Y les digo que vendrán muchos de Oriente y Occidente y se sentarán a la mesa con Abraham, Isaac y Jacob en el Reino de los Cielos. Mientras que los hijos del Reino serán echados afuera, a las tinieblas, donde habrá llantos y rechinar de dientes.

Y dijo Jesús al centurión: "Anda, que te suceda como has creído." Y el sirviente se curó en ese mismo momento.

Jesús cura a la suegra de Pedro

Cuando Jesús llegó a la casa de Pedro, vio a la suegra de este en cama, con fiebre.

Le tocó la mano y se le pasó la fiebre. Ella se levantó y se puso a servirlo.

Al atardecer le trajeron muchos endemoniados; él expulsó a los espíritus con una palabra, y curó a todos los enfermos, para que se cumplieran las profecías de Isaías cuando dijo: "Él tomó nuestras debilidades y cargó sobre sí nuestras enfermedades."

Jesús prueba a sus seguidores

Cuando Jesús vio una gran muchedumbre a su alrededor, dio la orden de pasar a la otra orilla.

Y un escriba se acercó y le dijo: "Maestro, te seguiré a donde vayas." Y Jesús le respondió: "Los zorros tienen guaridas, y las aves del cielo nidos; pero el Hijo del Hombre no tiene dónde reclinar la cabeza." Y otro de sus discípulos le dijo: "Señor, déjame ir primero a enterrar a mi padre." Pero Jesús le dijo: "Sígueme, y deja que los muertos entierren a sus muertos."

Jesús calma la tormenta

Jesús subió a la barca y sus discípulos lo siguieron.
De pronto, se levantó en el mar una tormenta tan grande que la barca quedaba tapada por las olas. Mientras tanto, Jesús dormía.

Entonces, sus discípulos se acercaron a Él y lo despertaron diciendo: "¡Señor, sálvanos, que nos hundimos!"

Y Él les dijo: "¿Por qué tienen miedo, hombres de poca fe?" Entonces se levantó, increpó a los vientos y al mar, y sobrevino una gran calma.

Y aquellos hombres, maravillados, decían: "¿Quién es este, que hasta los vientos y el mar le obedecen?"

Jesús expulsa a los demonios

Jesús fue a la región de los gadarenos[1], y se encontró con dos endemoniados. Estaban tan furiosos que nadie podía pasar por ese camino.[2]

Y se pusieron a gritar: "¿Qué tenemos nosotros contigo, Jesús, Hijo de Dios? ¿Has venido aquí para atormentarnos antes de tiempo?"

A cierta distancia de ellos había una gran piara de cerdos paciendo. Los demonios suplicaron a Jesús: "Si vas a expulsarnos, envíanos a esa piara." Y Él les dijo: "Vayan." Cuando ellos salieron, se fueron a los cerdos; y toda la piara de cerdos se arrojó al mar desde lo alto del acantilado, y murieron en las aguas.

Los cuidadores huyeron, y al llegar a la ciudad contaron a todos lo que le había pasado a los endemoniados.

Y toda la ciudad salió al encuentro de Jesús, y cuando lo vieron, le pidieron que abandonara su territorio.

Jesús cura a un paralítico

Jesús subió a su barca, cruzó el lago y regresó a su ciudad.

Y le trajeron un paralítico postrado en una cama, y al ver la fe de ellos, Jesús dijo al enfermo: "¡Ánimo, hijo! Tus pecados te son perdonados."

Y algunos escribas dijeron para sí: "Este hombre está blasfemando." Jesús, conociendo sus pensamientos, dijo: "¿Por qué tienen malos

---

[2] **N. de la T.** "Gadarenos: de la región de Gádara, fortaleza helenística en la Trasjordania. Según el Evangelio de Mateo, esta ciudad se extendía hasta la orilla del lago Genesaret." (*Diccionario de la Biblia*, Barcelona, Editorial Herder, 1987).

pensamientos? ¿Qué es más fácil, decir: "Tus pecados te son perdonados", o decir: "Levántate y anda"

Pues para que supieran que el Hijo del Hombre tiene en la tierra poder de perdonar pecados, dijo entonces al paralítico: 'Levántate, toma tu camilla, y vete a tu casa.' Y él se levantó y fue a su casa. Al ver esto, la gente temió y glorificó a Dios, que había dado tal poder a los hombres.

Jesús llama a Mateo

Cuando Jesús se iba de allí, vio a un hombre llamado Mateo, sentado en el despacho de impuestos, y le dijo: "Sígueme". Y Mateo se levantó y lo siguió.

Y sucedió que mientras Él estaba en la mesa, en la casa de Mateo, vinieron muchos publicanos y pecadores, y estaban a la mesa con Jesús y sus discípulos.

Y cuando los fariseos lo vieron, le dijeron a sus discípulos: "¿Por qué come su Maestro con los publicanos y pecadores?"

Pero Él al oír esto, dijo: "No necesitan médico los que están fuertes, sino los que están enfermos."

"Vayan y aprendan qué significa aquello de: 'Quiero misericordia, no sacrificio'. Porque no he venido a llamar a los justos, sino a los pecadores, para que se arrepientan."

Entonces, los discípulos de Juan se acercaron, y le dijeron: "¿Por qué nosotros y los fariseos ayunamos, y tus discípulos no ayunan?"

Y Jesús les respondió: "¿Pueden acaso los invitados a la boda ponerse tristes mientras el novio está con ellos? Ya vendrán días en que les será arrebatado el novio; entonces, ayunarán."

Parábola de los odres

Nadie pone un pedazo de paño nuevo en un vestido viejo, porque lo añadido tira del vestido y la rotura se hace más grande.

Ni tampoco se echa vino nuevo en odres viejos: pues de otro modo los odres revientan, el vino se derrama, y los odres se echan a perder; sino que el vino nuevo se echa en odres nuevos, y así ambos se conservan.

Jesús cura a dos mujeres

Mientras les estaba hablando así, se acercó un magistrado y se postró ante Él, diciendo: "Mi hija acaba de morir, pero ven y pon tu mano sobre ella, y vivirá."

Jesús se levantó y lo siguió junto con sus discípulos. Entonces, una mujer que padecía una hemorragia desde hacía doce años se acercó por detrás y tocó el borde de su manto, pensando: "Con sólo tocar su manto me salvaré". Jesús se dio vuelta, y al verla, le dijo: "¡Ánimo, hija, tu fe te ha salvado!". Y la mujer se salvó en aquel momento.

Al llegar Jesús a la casa del magistrado y ver a los flautistas y la gente alborotando, les dijo: "¡Retírense! La muchacha no ha muerto. Está dormida." Y se burlaron de Él.

Pero cuando la gente fue echada, Él entró, la tomó de la mano, y la muchacha se levantó.

Y la noticia del suceso se divulgó por toda esa comarca.

Jesús cura a dos ciegos

Y cuando Jesús se iba de allí, lo siguieron dos ciegos, gritando: "¡Hijo de David, ten piedad de nosotros!"

Y al llegar a la casa, los ciegos se acercaron a Él, y Jesús les preguntó: "¿Creen que puedo hacer esto?" Le contestaron: "Sí, Señor." Entonces, les tocó los ojos diciendo: "Hágase en ustedes según vuestra fe." Y sus ojos se abrieron; Jesús le ordenó severamente: "¡Cuidado! Que nadie lo sepa."

Pero ellos divulgaron su fama por toda aquella comarca.

Jesús cura a un endemoniado

Trajeron a Jesús un mudo endemoniado.

Y cuando fue expulsado el demonio, el mudo empezó a hablar. Y la gente admirada, decía: "Jamás se vio cosa igual en Israel."

Pero los fariseos decían: "Expulsa a los demonios por medio del príncipe de los demonios."

Y Jesús recorría todas las ciudades y aldeas, enseñando en sus sinagogas, proclamando el Evangelio del Reino, y curando toda enfermedad y toda dolencia entre la gente.

Y al ver la muchedumbre, sintió compasión de ella, porque estaban vejados y abatidos como ovejas que no tienen pastor.

Entonces dijo a sus discípulos: "La cosecha es abundante y los trabajadores son pocos. Rueguen, pues, al Señor de los sembrados que envíe trabajadores para la cosecha."

Los doce apóstoles

Y llamando a sus doce discípulos, les dio poder sobre los espíritus inmundos, para expulsarlos, y para curar toda enfermedad y toda dolencia.

Los nombres de los doce apóstoles son estos: primero Simón, llamado Pedro, y su hermano Andrés, Santiago, el hijo de Zebedeo, y su hermano Juan; Felipe y Bartolomé; Tomás y Mateo, el publicano; Santiago, hijo de Alfeo y Lebeo, por sobrenombre Tadeo; Simón, el cananeo y Judas el Iscariote, el que lo traicionó.

A estos doce envió Jesús, después de darles estas instrucciones: "No tomen el camino de los gentiles ni entren en ninguna de las ciudades de los samaritanos.

Mejor vayan a las ovejas perdidas de la casa de Israel.

Vayan y proclamen que el Reino de los Cielos está cerca.

Curen a los enfermos, resuciten a los muertos, purifiquen a los leprosos, expulsen a los demonios.

Gratis lo recibieron; gratis denlo.

No se procuren ni oro, ni plata, ni alforja para el camino, ni dos ropas de vestir, ni zapatos, ni bastón, porque el obrero merece su alimento.

Y en cualquier ciudad en que entren, busquen a alguna persona respetable y quédense allí hasta el momento de partir.

Y cuando entren en la casa, salúdenla. Si la casa es digna, que llegue a ella vuestra paz; pero si es indigna, que esa paz se vuelva con ustedes.

Y si no los reciben, ni escuchan sus palabras, al irse de esa casa o de esa ciudad, sacudan hasta el polvo de sus pies.

Yo les aseguro que el día del Juicio, habrá menos rigor para la tierra de Sodoma y Gomorra que para aquella ciudad.

Yo les envío como ovejas en medio de los lobos. Sean, entonces, astutos como las serpientes, y sencillos como las palomas.

Cuídense de los hombres, porque los entregarán a los tribunales y los azotarán en sus sinagogas. Y por mi causa serán llevados ante gobernadores y reyes, para que den testimonio ante ellos y ante los gentiles.

Mas cuando los entreguen, no se preocupen de qué o cómo van a hablar. Lo que tengan que hablar se les comunicará en aquel momento. Porque no serán ustedes los que hablarán, sino el espíritu de su Padre el que hablará en ustedes.

Entregará a la muerte hermano a hermano y padre a hijo; se levantarán hijos contra padres, y los matarán.

Y serán odiados por todos por causa de mi nombre; pero el que persevere hasta el fin, ese se salvará.

Cuando los persigan en una ciudad, huyan a otra, y si también en esta los persiguen, márchense a otra. Yo les aseguro: 'No acabarán de recorrer las ciudades de Israel antes de que venga el Hijo del Hombre.'

El discípulo no está por encima del maestro, ni el siervo por encima de su amo. Ya le basta al discípulo ser como su maestro, y al siervo como su amo. Si al dueño de la casa le han llamado Beelzebub[2], ¡cuánto más a los de su casa! [3]

No les tengan miedo. Pues no hay nada encubierto que no haya de ser descubierto, ni oculto que no haya de saberse. Lo que yo les digo en la oscuridad, díganlo ustedes a la luz; y lo que oyen al oído, proclámenlo a los cuatro vientos.

Y no teman a aquellos que matan el cuerpo, pero no pueden matar el alma; teman más bien a Aquel que puede destruir el alma y el cuerpo en el infierno.

¿No se venden dos pájaros por unas monedas? Y ni uno de ellos caerá en tierra sin el consentimiento de su Padre.

Pero hasta los cabellos de su cabeza están todos contados.

No teman, pues, ustedes valen más que muchos pájaros.

Al que me reconozca ante los hombres, yo también lo reconoceré ante mi Padre que está en los Cielos.

No piensen que he venido a traer paz a la tierra, sino la espada.

Porque he venido a enfrentar al hombre con su padre, a la hija con su madre, a la nuera con su suegra. Y así el hombre tendrá como enemigos a los de su propia casa.

El que ama a su padre o a su madre más que a mí, no es digno de mí; el que ama a su hijo o a su hija más que a mí, no es digno de mí.

---

[3] **N. de la T.** "Beelzebub: En la época de los fariseos, nombre propio del príncipe de los espíritus malos, con cuya ayuda, según ellos, Jesús expulsaba a los demonios." (*Diccionario de la Biblia*, Barcelona, Editorial Herder, 1987).

El que no toma su cruz y me sigue, no es digno de mí.

El que encuentre su vida, la perderá; y el que pierda su vida por mí, la encontrará.

Quien los recibe a ustedes, me recibe a mí, y quien me recibe a mí, recibe a Aquel que me ha enviado.

Quien reciba a un profeta por ser profeta, tendrá la recompensa de un profeta, y el que reciba a un justo por ser justo, tendrá la recompensa de un justo.

Y todo aquel que dé de beber tan sólo un vaso de agua fresca a uno de estos pequeños, por ser mi discípulo, les aseguro que no quedará sin recompensa.

Los setenta

Además de los doce apóstoles, Jesús designó otros setenta y los mandó de a dos a cada ciudad y lugar, donde Él mismo iba a ir.

Jesús relaciona a Juan el Bautista con Elías

En el siguiente pasaje Jesús revela que Juan el Bautista era la reencarnación del profeta Elías:

Cuando Jesús acabó de dar instrucciones a sus doce discípulos, partió de allí para enseñar y predicar en sus ciudades.

Y cuando Juan, que en la cárcel había oído hablar de las obras de Cristo envió a dos de sus discípulos a decirle: "¿Eres tú el que ha de venir, o debemos esperar a otro?", Jesús les respondió: "Vayan y cuéntenle a Juan lo que oyen y ven.: Los ciegos ven y los cojos andan, los leprosos quedan limpios y los sordos oyen, los muertos resucitan y se anuncian a los pobres la buena nueva. ¡Y dichoso aquel que no halle escándalo en mí!"

Y mientras ellos se marchaban, Jesús se puso a hablar de Juan a la gente: "¿Qué fueron a ver al desierto? ¿Una caña agitada por el viento? ¿Qué fueron a ver? ¿A un hombre elegantemente vestido? ¡No! Los que visten con elegancia están en los palacios de los reyes.

¿Qué fueron a ver entonces? ¿A un profeta? Sí, les digo, y más que a un profeta. Él es aquel de quien está escrito: "He aquí que yo envío mi mensajero delante de ti, que preparará tu camino delante de ti."

Les digo que no ha surgido entre los nacidos de mujer uno mayor que Juan el Bautista; sin embargo, el más pequeño en el Reino de los Cielos es mayor que él. Desde los días de Juan el Bautista hasta ahora, el Reino de los Cielos sufre violencia, y los violentos lo arrebatan. Pues todos los profetas lo arrebatan.

Porque todos los profetas, lo mismo que la ley, han profetizado hasta Juan.

Y si quieren admitirlo, él es Elías, el que iba a venir.

El que tenga oídos que oiga.

¿Pero, con quien compararé a esta generación? Son como los niños sentados en las plazas que gritan a sus compañeros: 'Hemos tocado la flauta, y no han bailado, hemos cantado en honor de los difuntos, y no se han lamentado.'

Porque vino Juan, que ni comía, ni bebía, y dijeron: 'Tiene un demonio.'

Vino el Hijo del Hombre, que come y bebe, y dicen: 'Ahí tienen a un comilón y borracho, amigo de publicanos y pecadores.' Pero la sabiduría está justificada por sus hijos."

Entonces, se puso a maldecir a las ciudades en las que se habían realizado la mayoría de sus milagros, porque no se habían arrepentido:

"¡Ay de ti, Corazín! ¡Ay de ti, Betsaida! Porque si en Tiro y en Sidón se hubieran hecho los milagros que se han hecho en vosotras, haría ya tiempo que en túnica de penitente se habrían arrepentido.

Por eso les digo que en el día del juicio será más tolerable el castigo para Tiro y Sidón que para ustedes.

Y tú, Cafarnaúm, que eres levantada hasta el cielo, hasta el Hades serás llevada. Porque si se hubieran hecho los milagros que se han hecho en ti en los de Sodoma, esa ciudad subsistiría hoy en día.

Por tanto les digo que en el día del juicio, la tierra de Sodoma será tratada menos rigurosamente que tú."

En ese momento Jesús respondió, y dijo: "Yo te bendigo, Padre, Señor del Cielo y de la Tierra, porque has ocultado esas cosas a sabios e inteligentes, y se las has revelado a los pequeños, porque parecía bueno a tus ojos.

Todo me ha sido entregado por mi Padre, y nadie conoce bien al Hijo sino el Padre, ni al Padre conoce bien nadie sino el Hijo, y a aquel a quien el. Hijo se lo quiera revelar.

Vengan a mí todos los que están fatigados y sobrecargados, y yo les daré descanso. Tomen mi yugo sobre ustedes, y aprendan de mí, que soy manso y humilde de corazón, y hallarán descanso para su alma. Porque mi yugo es suave y mi carga ligera."

Jesús visita al fariseo

Uno de los fariseos quería que Jesús comiera con él. Jesús entró en la casa del fariseo y se sentó a comer.

Y había una mujer pecadora en la ciudad. Cuando ella se enteró de que Jesús estaba comiendo en la casa del fariseo, trajo una caja de alabastro que contenía un bálsamo.

Y colocándose detrás de Él, se puso a llorar a sus pies y comenzó a bañar sus pies con sus lágrimas. Los secaba con su cabello, los besaba, y los ungía con el bálsamo.

Cuando el fariseo vio esto, pensó: "Si este hombre fuera un profeta, hubiera sabido quién y qué tipo de mujer es esta que toca sus pies, porque ella es una pecadora."

Y Jesús le respondió diciendo: "Simón, tengo algo que decirte." Y él le dijo: "Maestro, dilo."

"Había un prestamista que tenía dos deudores: uno le debía quinientos denarios, el otro cincuenta.

Y cuando no tuvieron para pagarle, él los perdonó a los dos sinceramente. Dime: ¿Cuál de los dos lo amará más?"

Simón le respondió y dijo: "Supongo que al que le perdonó más." Y Jesús le dijo: "Has juzgado correctamente."

Y se volvió hacia la mujer y le dijo a Simón: "¿Ves a esta mujer? Entré a tu casa y no me derramaste agua sobre mis pies. En cambio ella me ha lavado los pies con sus lágrimas y me los ha secado con su cabello.

No me has besado. Pero esta mujer no ha cesado de besar mis pies desde que entré.

No has ungido mi cabeza con aceite. Pero esta mujer me ha untado los pies con bálsamo.

Entonces te digo que sus pecados, que son muchos, están perdonados, porque amó mucho. Pero a los que se les perdona poco, demuestran poco amor."

Después dijo a la mujer: "Tus pecados están perdonados."

Y aquellos que estaban comiendo con Él empezaron a pensar: "¿Quién es este que también perdona pecados?"

Y Jesús dijo a la mujer: "Tu fe te ha salvado, vete en paz."

Jesús enseña acerca del sábado

En aquel tiempo Jesús pasaba en día sábado junto a unos sembrados, y sus discípulos que tenían hambre, empezaron a arrancar espigas y comer los granos.

Pero cuando los fariseos los vieron, le dijeron: "Mira que tus discípulos hacen lo que no es lícito hacer en sábado."

Pero él les respondió: "¿No habéis leído qué hizo David cuando él y los que le acompañaban se vieron acosados del hambre?

¿Cómo entró en la casa de Dios y comió los panes de la ofrenda, que no les estaba permitido comer ni a él ni a sus compañeros, sino solamente a los sacerdotes?

¿O no han leído en la Ley que los sábados, en el templo, los sacerdotes quebrantan la ley, sin incurrir en falta?

Pues yo les digo que aquí está uno que es mayor que el templo.

Pero si ustedes supieran bien lo que significa 'Misericordia quiero, y no sacrificios', jamás hubieran condenado a los inocentes.

Porque el Hijo del Hombre es Dueño aún del sábado."

Jesús cura en Sábado

Cuando partió de allí, entró en la sinagoga de los fariseos.

Allí había un hombre que tenía paralizada una mano; y preguntaron a Jesús, para hallar motivo de acusarlo: "¿Es lícito curar en sábado?"

Y él les dijo: "¿Qué hombre habrá entre ustedes que tenga una oveja, y que si esta cae en una fosa en día sábado, no la levante y saque fuera?

¿Pues cuánto más vale un hombre que una oveja? Por lo tanto, es lícito hacer el bien en día sábado." Entonces, dijo al hombre: "Extiende esa mano." La estiró, y quedó tan sana como la otra.

A partir de ese momento, los fariseos salieron y

se confabularon contra él para ver como eliminarlo. Pero cuando Jesús supo esto, se fue de allí, y muchos enfermos lo siguieron, y a todos ellos los curó. Y les encargó que no lo descubrieran, para que se cumpliera la profecía de Isaías, el profeta que dijo:

"Vean ahí el siervo mío, a quien yo tengo elegido, el amado mío, en quien mi alma se ha complacido plenamente. Pondré sobre él mi Espíritu y anunciará la justicia a las naciones. No disputará con nadie, no gritará, ni oirá ninguno su voz en las calles. No quebrará la caña cascada, ni acabará de apagar la mecha que aún humea, hasta que haga triunfar la justicia de su causa. Y en su nombre pondrán las naciones su esperanza."

Luego le trajeron un endemoniado, ciego y mudo, y lo curó, de manera que desde ese momento el enfermo comenzó a hablar y ver.

Y todo el pueblo quedó asombrado, y decía: "¿Es este el Hijo de David, el Mesías?"

Una casa dividida en contra de sí misma

Pero cuando los fariseos lo oyeron, dijeron: "Este no expulsa demonios sino por obra de Beelzebub, príncipe de los demonios."

Entonces Jesús, penetrando sus pensamientos, les dijo: "Todo reino dividido contra sí mismo será desolado; y cualquier ciudad o casa dividida en bandos no subsistirá. Y si Satanás echa fuera a Satanás, es contrario a sí mismo; ¿cómo, pues, va a subsistir su reino?

Y si yo expulso los demonios en nombre de

Beelzebub, ¿con qué poder los expulsan los discípulos de ustedes? Por tanto, ellos mismos serán vuestros jueces. Mas si yo echo los demonios con el poder del Espíritu de Dios, quiere decir que el Reino de Dios, o del Mesías, ya ha llegado a ustedes.

¿Acaso es posible que uno entre en casa de algún hombre fuerte y le robe sus bienes, si primero no lo ata? Sólo así podrá saquearle la casa.

El que no está conmigo, está contra mí; y el que no recoge conmigo, desparrama.

Por lo cual les declaro que los hombres serán perdonados por cualquier pecado o blasfemia; pero la blasfemia contra el espíritu de Dios no se perdona tan fácilmente.

Asimismo, a cualquiera que hable contra el Hijo del Hombre se lo perdonará; pero a quien hable contra el Espíritu Santo, despreciando su gracia, no será perdonado ni en este mundo ni en el futuro.

Supongan que el árbol es bueno, y bueno su fruto; o que el árbol es malo y malo su fruto. Porque el árbol se conoce por su fruto.

¡Raza de víboras! ¿Cómo es posible que digan cosas buenas, siendo malos? Porque la boca habla de la abundancia del corazón.

El hombre de bien, del buen tesoro de su corazón saca buenas cosas, y el hombre malo, del tesoro de la maldad saca cosas malas.

Yo les aseguro que el día del Juicio, los hombres rendirán cuenta hasta de cualquier palabra ociosa que hablen.

Porque por tus palabras habrás de ser justificado, y por tus palabras, serás condenado.

Los fariseos buscan una señal

Entonces, algunos de los escribas y fariseos le dijeron: "Maestro, quisiéramos que nos hagas ver algún signo."

Él les respondió: "Esta raza mala y adúltera pide una señal; pero no se le dará la señal que pide, sino la señal del profeta Jonás.

Porque así como Jonás estuvo en el vientre de la ballena tres días y tres noches, así el Hijo del Hombre estará tres días y tres noches en el seno de la tierra.

Los hombres de Nínive se levantarán, el día del juicio, contra esta raza de hombres, y la condenarán: Por cuanto ellos se arrepintieron por la predicación de Jonás. Y el que está aquí es más grande que Jonás.

La reina del sur hará de acusadora, en el día del juicio, contra esta raza de hombres y la condenará; por cuanto vino de los confines de la tierra para escuchar la sabiduría de Salomón. Y aquí hay algo más que Salomón.

Cuando el espíritu impuro sale del hombre, anda vagando por lugares áridos, buscando reposo, y no lo encuentra. Entonces dice: "Volveré a mi casa, de donde salí." Y al llegar, la encuentra desocupada, barrida y en orden. Con esto, va y toma consigo otros siete espíritus peores que él, y vienen y se instalan allí; y el último estado del hombre es peor que el primero. Así le sucederá a esta generación malvada.

La verdadera familia de Jesús

Cuando estaba hablando al pueblo, su madre y sus hermanos[4] estaban fuera, y querían hablarle.

Luego alguien le dijo: "Mira que tu madre y tus hermanos están allí fuera y desean hablarte."

Pero él, respondiendo al que se lo decía, dijo:

"¿Quién es mi madre y quiénes son mis hermanos?"

Y extendiendo su mano hacia sus discípulos, dijo: "Estos son mi madre y mis hermanos. Porque cualquiera que haga la voluntad de mi Padre, que está en los cielos, ese es mi hermano y mi hermana y mi madre."

Jesús enseña en parábolas

Aquel día, saliendo Jesús de casa, fue y se sentó a la orilla del mar.

Y se juntó tanta gente a su alrededor, que subió a una barca, y se sentó; y toda la gente quedó en la costa. Y les habló muchas cosas en parábolas. Les decía:

"Un sembrador salió a sembrar. Y al sembrar, algunos granos cayeron cerca del camino; y vinieron los pájaros y se los comieron.

Otros cayeron en pedregales, donde había poca tierra, y brotaron enseguida, porque la tierra no era honda. Mas nacido el sol, se quemaron y como casi

---

[4] **N. de la T.** "Hermanos": En la lengua hebrea y aramea, se emplea este término para designar también a los primos y parientes

no tenían raíces, se secaron.

Algunos granos cayeron entre espinas; y crecieron las espinas y los sofocaron. Los restantes, en fin, cayeron en buena tierra, y dieron fruto; algunas, ciento por uno, otras sesenta, y otras, treinta.

Quien tenga oídos que oiga."

Los discípulos se acercaron y le dijeron: "¿Por qué les hablas por medio de parábolas?"

Él les respondió: "Porque a ustedes se les ha dado el privilegio de conocer los misterios del Reino de los Cielos; mas a ellos no se les ha dado.

Es cierto que al que tiene lo que debe tener, se le dará aún más, y tendrá en abundancia; mas al que no tiene lo que debe tener, le quitarán aun lo que tiene.

Por eso les hablo con parábolas; porque ellos miran y no ven, y oyen, pero no escuchan, ni entienden.

Y así se cumple en ellos la profecía de Isaías que dice: 'Por más que oigan, no comprenderán, por más que vean, no conocerán.'

Porque este pueblo ha endurecido su corazón, y ha cerrado sus oídos, y ha cerrado sus ojos a fin de no ver con ellos, ni oír con los oídos, ni comprender con el corazón, por miedo de que, al convertirse, yo los cure.

Bienaventurados vuestros ojos porque ven, y bienaventurados vuestros oídos porque oyen.

Pues en verdad les digo que muchos profetas y justos ansiaron ver lo que ustedes ven, y no lo vieron, y oír lo que ustedes oyen, y no lo oyeron. Escuchad ahora la parábola del sembrador.

Cuando alguien oye la Palabra del Reino de Dios y no la comprende, viene el maligno y le arrebata lo que se había sembrado en su corazón; este es el que recibió la semilla al borde del camino.

El sembrado en tierra pedregosa es aquel que oye la Palabra de Dios y la recibe con alegría.

Pero no tiene raíz por sí solo, sino que dura poco; y cuando la tribulación y persecución surge por causa de la palabra, enseguida sucumbe.

El que recibe la semilla entre espinas es el hombre que escucha la Palabra de Dios, pero los cuidados de este siglo y la seducción de las riquezas lo sofocan y no puede dar fruto.

Al contrario, el que la recibe en tierra fértil es el que escucha la Palabra de Dios y la comprende. Este produce fruto, ya sea cien, sesenta, o treinta por uno."

Les propuso otra parábola, diciendo: "El Reino de los Cielos es semejante a un hombre que sembró buena semilla en su campo.

Pero cuando los hombres dormían, vino cierto enemigo suyo y sembró cizaña en medio del trigo, y se fue.

Cuando el trigo creció y aparecieron las espigas, también apareció la cizaña.

Entonces los peones fueron a ver al propietario, y le dijeron: "Señor, ¿no sembraste buena semilla en tu campo? ¿Cómo es que ahora hay cizaña?"

Les respondió: "Algún enemigo mío la habrá sembrado." Replicaron los criados: "¿Quieres que vayamos a arrancarla?"

A lo que respondió: "No, porque no suceda que,

arrancando la cizaña, arranquéis con ella el trigo."
Dejen que crezcan juntas hasta la cosecha, y entonces diré a los cosechadores: "Arranquen primero la cizaña, y atenla en manojos para quemarla, y pongan el trigo en mi granero después."

Les propuso otra parábola diciendo: El Reino de los Cielos es semejante a un grano de mostaza que un hombre tomó en su mano, y lo sembró en su campo.

En realidad, es la más pequeña de todas las semillas; pero cuando crece viene a ser la mayor de todas las hortalizas, y se hace árbol, de manera tal que las aves del cielo bajan y se cobijan en sus ramas.

Y añadió esta otra parábola: "El Reino de los Cielos es semejante a la levadura, que una mujer mezcló con tres medidas de harina, hasta que toda la masa fermenta."

Todas estas cosas dijo Jesús al pueblo por medio de parábolas, sin las cuales no solía predicar.
Entonces, dejando a la multitud, Jesús regresó a la casa; sus discípulos se acercaron y le dijeron: "Explícanos la parábola de la cizaña en el campo."

Él les respondió: "El que siembra la buena semilla es el Hijo del Hombre.

El campo es el mundo; las buenas semillas son los que pertenecen al Reino; pero la cizaña son los que pertenecen al Maligno.

El enemigo que la siembra es el demonio; la cosecha es el fin del mundo, y los cosechadores son los ángeles.

Así como se arranca la cizaña y se la quema en el

fuego, de la misma manera sucederá al fin del mundo.

El Hijo del Hombre enviará a sus ángeles, y estos quitarán de su Reino todos los escándalos y a los que hicieron el mal.

Y los arrojarán en el horno ardiente: allí habrá llanto y rechinar de dientes.

Entonces, los justos resplandecerán como el sol en el Reino de su Padre. ¡El que tenga oídos, que oiga!"

"El Reino de los Cielos se parece a un tesoro escondido en un campo; un hombre lo encuentra, lo vuelve a esconder, y lleno de alegría, vende todo lo que posee y compra el campo.

El Reino de los Cielos se parece también a un negociante que se dedicaba a buscar perlas finas; y al encontrar una de gran valor, fue a vender todo lo que tenía y la compró.

El Reino de los Cielos se parece también a una red que se echa al mar y recoge toda clase de peces. Cuando está llena, los pescadores la sacan a la orilla y, sentándose, recogen lo bueno en canastas y tiran lo que no sirve."

Jesús les dijo: "¿Comprendieron todo esto?." "Sí", le respondieron.

Entonces, agregó: "Todo escriba convertido en discípulo del Reino de los Cielos se parece a un dueño de casa que saca de sus arcas lo nuevo y lo viejo."

Un profeta en su propia tierra

Cuando Jesús terminó estas parábolas, se alejó de

allí.

Al llegar a Nazaret, donde se había criado; el sábado entró como de costumbre en la sinagoga y se levantó para leer.

Le presentaron el libro del profeta Isaías; y abriéndolo, encontró el pasaje en donde estaba escrito:

"El Espíritu del Señor está sobre mí, porque me ha consagrado por la unción. Él me envió a llevar la Buena Noticia a los pobres, y anunciar la liberación a los cautivos y la vista a los ciegos, dar la libertad a los oprimidos y proclamar un año de gracia del Señor."

Jesús cerró el libro, lo devolvió al ayudante y se sentó. Todos en la sinagoga tenían los ojos fijos en Él.

Entonces, comenzó a decirles: "Hoy se ha cumplido este pasaje de la Escritura que acaban de oír."

Todos daban testimonio a favor de Él y estaban llenos de admiración por las palabras de gracia que salían de su boca y decían: "¿No es este el hijo del carpintero? ¿Su madre no es la que llaman María? ¿Y no son hermanos suyos Santiago, José, Simón y Judas? ¿Y acaso no viven entre nosotros todas sus hermanas? ¿De dónde le vendrá todo esto?." Y Jesús era para ellos motivo de tropiezo.

Y les dijo: "Seguramente me dirán el proverbio: 'Médico, cúrate a ti mismo. Realiza también aquí lo que has hecho en Cafarnaún.'"

Después agregó: "Les aseguro que ningún profeta es bien recibido en su tierra.

Yo les aseguro que había muchas viudas en Israel

en el tiempo de Elías, cuando durante tres años y seis meses no hubo lluvia del cielo y el hambre azotó a todo el país. Sin embargo, a ninguna de ellas fue enviado Elías, sino a una viuda de Sarepta, en el país de Sidón.

También había muchos leprosos en Israel, en tiempos del profeta Eliseo, pero ninguno de ellos fue curado, excepto Naamán, el sirio."

Al oír estas palabras, todos los que estaban en la sinagoga se enfurecieron y, levantándose, lo empujaron fuera de la ciudad, hasta un lugar escarpado de la colina sobre la que se levantaba la ciudad, con intención de despeñarlo. Pero Jesús, pasando en medio de ellos, continuó su camino.

La muerte de Juan el Bautista

En aquel tiempo, la fama de Jesús llegó a oídos del tetrarca[5] Herodes, y él dijo a sus allegados: "Este es Juan el Bautista. Ha resucitado de entre los muertos, y por eso se manifiestan en él poderes milagrosos."

Herodes, en efecto, había hecho arrestar, encadenar y encarcelar a Juan, a causa de Herodías, la mujer de su hermano Felipe, porque Juan le decía: "No te es lícito tenerla."

Herodes quería matarlo, pero tenía miedo del pueblo, que consideraba a Juan un profeta.

---

[5] **N. de la T.** "Nombre aplicado a los gobernadores de un territorio de ciertos países antiguos (originariamente, la cuarta parte del total). Tomado de Moliner, María, *Diccionario del uso del español*, Madrid, Editorial Gredos, 1991.

El día en que Herodes festejaba su cumpleaños, la hija de Herodías bailó en público, y le agradó tanto a Herodes que prometió bajo juramento darle lo que pidiera.

Instigada por su madre, ella dijo: "Traeme aquí la cabeza de Juan el Bautista sobre una bandeja."

El rey se entristeció, pero a causa de su juramento y por los convidados, ordenó que se la dieran y mandó decapitar a Juan en la cárcel.

Su cabeza fue llevada sobre una bandeja y entregada a la joven, y esta la presentó a su madre.

Los discípulos de Juan recogieron el cadáver, lo sepultaron y después fueron a informar a Jesús.

Al enterarse de eso, Jesús se alejó en una barca a un lugar desierto, para estar a solas. Apenas lo supo la gente, dejó las ciudades y lo siguió a pie.

Cuando desembarcó, Jesús vio una gran muchedumbre y, compadeciéndose de ella curó a los enfermos.

La primera multiplicación de los panes

Al atardecer, los discípulos se acercaron y le dijeron: "Este es un lugar desierto y ya se hace tarde; despide a la multitud para que vaya a las ciudades a comprarse alimentos."

Pero Jesús les dijo: "No es necesario que se vayan, denles de comer ustedes mismos."

Ellos respondieron: "Aquí no tenemos más que cinco panes y dos pescados."

Y después de ordenar a la multitud que se sentara sobre el pasto, tomó los cinco panes y los dos pescados, y levantando los ojos al cielo, pronunció la bendición, partió los panes, los dio a sus discípulos, y ellos los distribuyeron entre la multitud.

Todos comieron hasta saciarse y con los pedazos que sobraron se llenaron doce canastas.

Comieron unos cinco mil hombres, sin contar las mujeres y los niños.

Jesús camina sobre el agua

Jesús obligó a los discípulos que subieran a la barca y pasaran antes que él a la otra orilla, mientras él despedía a la multitud.

Después, subió a la montaña para orar a solas. Y al atardecer todavía estaba allí solo.

La barca ya estaba muy lejos de la costa, sacudida por las olas, porque tenían viento en contra.

A la cuarta vigilia de la noche, Jesús fue hacia ellos caminando sobre el mar.

Cuando los discípulos lo vieron caminar sobre el mar, se asustaron. "Es un fantasma" dijeron, y llenos de temor, se pusieron a gritar.

Pero Jesús les dijo: "Tranquilícense, soy yo; no teman." Entonces Pedro le respondió: "Señor, si eres tú, mándame ir a tu encuentro sobre el agua."

"Ven", le dijo Jesús. Y Pedro bajó de la barca y comenzó a caminar sobre el agua en dirección a Él. Pero al ver la violencia del viento tuvo miedo, y como empezaba a hundirse gritó: "Señor, sálvame."

Entonces, Jesús le tendió la mano y lo sostuvo, mientras le decía: "Hombre de poca fe, ¿por qué dudaste?."

En cuanto subieron a la barca, el viento se calmó. Los que estaban en ella se postraron ante él, diciendo: "Verdaderamente, tú eres el Hijo de Dios."

Al llegar a la otra orilla, fueron a Genesaret. Cuando la gente del lugar lo reconoció, difundió la noticia por los alrededores, y le llevaban a todos los enfermos.

Le rogaban que los dejara tocar tan sólo los flecos de su manto, y todos los que lo tocaron quedaron curados.

Entonces, unos fariseos y escribas de Jerusalén se acercaron a Jesús y le dijeron: "¿Por qué tus discípulos quebrantan la tradición de nuestros antepasados y no se lavan las manos cuando comen pan?."

Él les respondió: "¿Y por qué ustedes, por seguir su tradición, no cumplen el mandamiento de Dios?

Dios les ordenó: "Honra a tu padre y a tu madre. El que maldice a su padre o a su madre, será condenado a muerte."

Pero ustedes afirman: "El que diga a su padre o a su madre: 'He ofrecido a Dios los bienes que tenía para ayudarte', está libre de los deberes hacia ellos."

Así ustedes, en nombre de su tradición, han anulado la Palabra de Dios.

¡Hipócritas! Bien profetizó contra ustedes Isaías, cuando dijo: "Este pueblo me honra con los labios, pero su corazón está lejos de mí. En vano me rinden culto al enseñar los preceptos humanos como doctrina."

Jesús llamó a la multitud y les dijo: "Escuchen y comprendan: Lo que mancha al hombre no es lo que sale por la boca, sino lo que sale de ella."

Entonces se acercaron los discípulos y le dijeron: "¿Sabes que los fariseos se escandalizaron al oírte hablar así?."

Él les respondió: "Toda planta que no haya plantado mi Padre celestial, será arrancada de raíz. Déjenlos: son ciegos que guían a otros ciegos. Pero si un ciego guía a otro, los dos caerán en un pozo."

Pedro, tomando la palabra, le dijo: "Explícanos esta parábola."

Jesús le respondió: "¿Ni siquiera ustedes son capaces de comprender? ¿No saben que lo que entra por la boca pasa al vientre y se elimina en lugares retirados?

En cambio, lo que sale de la boca procede del corazón, y eso es lo que mancha al hombre.

Del corazón proceden las malas intenciones, los homicidios, los adulterios, las fornicaciones, los robos, los falsos testimonios, las difamaciones.

Estas son las cosas que hacen impuro al hombre, no el comer sin haberse lavado las manos."

Entonces una mujer cananea que procedía de esa región, comenzó a gritar: "¡Señor, Hijo de David, ten piedad de mí! Mi hija está terriblemente atormentada por un demonio."

Pero él no le respondió nada. Sus discípulos se acercaron y le pidieron: "Señor, atiéndela, porque nos persigue con sus gritos."

Pero la mujer fue a postrarse ante él y le dijo: "¡Señor, socórreme!"

Jesús le dijo: "No está bien tomar el pan de los hijos, para tirárselo a los perros."

Ella respondió: "¡Y sin embargo, Señor, los perros comen las migas que caen de la mesa de sus dueños!."

Entonces Jesús le dijo: "Mujer, ¡qué grande es tu fe! ¡Que se cumpla tu deseo!." Y en ese mismo momento su hija quedó curada.

Desde allí, Jesús llegó a orillas del mar de Galilea y, subiendo a la montaña, se sentó.

Una gran multitud acudió a Él, llevando paralíticos, lisiados, ciegos, mudos y muchos otros enfermos. Los pusieron a sus pies y Él los curó.

La multitud se admiraba al ver que los mudos hablaban, los inválidos quedaban curados, los paralíticos caminaban y los ciegos recobraban la vista. Y todos glorificaban al Dios de Israel.

Segunda multiplicación de los panes

Entonces, Jesús llamó a sus discípulos y les dijo: "Me da pena esta multitud, porque hace tres días que están conmigo y no tienen qué comer. No quiero despedirlos en ayunas, porque podrían desfallecer en el camino."

Los discípulos le dijeron: "¿Y dónde podríamos conseguir en el desierto suficiente cantidad de pan para saciar a tanta gente?"

Jesús les dijo: "¿Cuántos panes tienen?" Ellos respondieron: "Siete y unos pocos pescados."

Él ordenó a la multitud que se sentara en el suelo. Después, tomó los panes y los pescados, dio gracias, los partió y los dio a los discípulos. Y ellos los distribuyeron entre la multitud.

Todos comieron hasta saciarse, y con los trozos que sobraron se llenaron siete canastas.

Comieron cuatro mil hombres, sin contar las mujeres y los niños.

Después de despedir a la multitud, Jesús subió a la barca y se dirigió al país de Magadán.

Los fariseos y los saduceos se acercaron a Él, y para ponerlo a prueba, le pidieron que les hiciera ver un signo del cielo.

Él les respondió: "Al atardecer, ustedes dicen: 'Va a hacer buen tiempo, porque el cielo está rojo.'

Y por la madrugada, dicen: 'Hoy habrá tormenta, porque el cielo está rojo oscuro.' ¡De manera que saben interpretar el aspecto del cielo, pero no los signos de los tiempos!"

"Esta generación malvada y adúltera reclama un signo, pero no se le dará otro signo que el del profeta Jonás." Y en seguida, los dejó y se fue.

Al pasar a la otra orilla, los discípulos se olvidaron de llevar pan.

Jesús les dijo: "Estén atentos y cuídense de la levadura de los fariseos y de los saduceos."

Ellos hablaban entre sí diciendo: "Lo dice porque no hemos traído pan."

Jesús se dio cuenta y les dijo: "Hombres de poca fe, ¿cómo están pensando que no tienen pan? ¿Todavía no comprenden? ¿No se acuerdan de los cinco panes para cinco mil personas y del número de canastas que juntaron? ¿Y tampoco recuerdan los siete panes para cuatro mil personas, y cuántas canastas recogieron? ¿Cómo no comprenden que no me refería al pan sino a la levadura de los fariseos y de los saduceos!"

Entonces entendieron que les había dicho que se cuidaran, no de la levadura del pan, sino de la doctrina de los fariseos y de los saduceos.

Y les dijo una parábola: "Los campos de cierto hombre rico dieron mucho fruto. Y él pensaba para sí, diciendo: '¿Qué haré, pues no tengo lugar donde almacenar mi cosecha?'

Y se dijo: 'Voy a hacer esto: Voy a demoler mis graneros y edificaré uno más grande donde podré guardar todo mi trigo y mis bienes. Y diré a mi alma: Alma, tienes muchos bienes de reserva para muchos años. Descansa, come, bebe y disfruta con alegría.'

Pero Dios le dijo: '¡Necio! Esta misma noche te reclamarán el alma; las cosas que preparaste, ¿para quién serán?'

Esto es lo que sucede al que atesora riquezas para sí y no es rico a los ojos de Dios."

Jesús se revela como Cristo

Al llegar a la región de Cesarea de Filipo, Jesús preguntó a sus discípulos: "¿Qué dice la gente sobre el Hijo del Hombre? ¿Quién dicen que es?"

Ellos le respondieron: "Unos dicen que es Juan el Bautista; otros, Elías; y otros, Jeremías, o alguno de los profetas."

Jesús les preguntó: " Y ustedes, ¿quién dicen que soy?"

Y Simón Pedro respondió: "Tú eres el Cristo, el Hijo de Dios vivo."

Y Jesús le dijo: "Feliz de ti, Simón, hijo de Jonás, porque esto no te lo ha revelado ni la carne ni la sangre, sino mi Padre que está en el Cielo. Y yo te digo: Tú eres Pedro, y sobre esta piedra edificaré mi Iglesia, y el poder de la Muerte no prevalecerá contra ella. Yo te daré las llaves del Reino de los Cielos. Todo lo que ates en la tierra, quedará atado en el cielo, y todo lo que desates en la tierra, quedará desatado en el cielo."

Entonces, ordenó severamente a sus discípulos que no dijeran a nadie que él era Jesús, el Cristo.

Desde aquel día, Jesús comenzó a anunciar a sus discípulos que debía ir a Jerusalén, y sufrir mucho de parte de los ancianos, de los sumos sacerdotes y de los escribas; porque debía ser condenado a muerte, y resucitar al tercer día.

Tomando la palabra, Simón Pedro respondió: "Dios no lo permita, Señor. Eso no sucederá."

Pero él, dándose vuelta, dijo a Pedro: "¡Retírate, ve detrás de mí, Satanás! Tú eres para mí un obstáculo, porque tus pensamientos no son los de Dios, sino los de los hombres."

Entonces, Jesús dijo a sus discípulos: "El que quiera venir detrás de mí, que renuncie a sí mismo, que cargue con su cruz y me siga. Porque el que quiera salvar su vida, la perderá; y el que pierda su vida por mí, la encontrará.

¿De qué le servirá al hombre ganar el mundo entero si pierde su vida? ¿Y qué podrá dar el hombre a cambio de su vida?

Porque el Hijo del Hombre vendrá en la gloria de

su Padre, rodeado de sus ángeles, y entonces recompensará a cada uno de acuerdo con sus obras.

Les aseguro que algunos de los que están aquí presentes no morirán antes de que vean al Hijo del Hombre venir, en su Reino."

* * *

Seis días después, Jesús tomó a Pedro, a Santiago y a su hermano Juan, y los llevó aparte a un monte elevado. Allí se transfiguró en presencia de ellos: su rostro resplandecía como el sol y sus vestiduras se volvieron blancas como la luz.

De pronto se les aparecieron Moisés y Elías, hablando con Jesús.

Pedro dijo a Jesús: "Señor, ¡qué bien estamos aquí! Si quieres, levantaré aquí mismo tres carpas, una para ti, otra para Moisés y otra para Elías."

Todavía estaba hablando, cuando una nube luminosa los cubrió con su sombra y se oyó una voz que decía desde la nube: "Este es mi Hijo muy querido, en quien tengo puesta mi predilección: escúchenlo."

Al oír esto, los discípulos cayeron con el rostro en tierra, llenos de temor.

Jesús se acercó a ellos y, tocándolos, les dijo: "Levántense, no tengan miedo."

Cuando alzaron los ojos, no vieron a nadie más que a Jesús solo.

Jesús asocia a Juan el Bautista con Elías

Jesús vuelve a decir a sus discípulos que Juan el

Bautista era la reencarnación de Elías en el siguiente pasaje:

Mientras bajaban del monte, Jesús les ordenó: "No hablen a nadie de esta visión, hasta que el Hijo del Hombre resucite de entre los muertos."

Entonces los discípulos le preguntaron: "¿Por qué dicen los escribas que primero debe venir Elías?"

Él respondió: "Sí, Elías debe venir a poner en orden todas las cosas.

Pero les aseguro que Elías ya ha venido, y no lo han reconocido, sino que hicieron con él lo que quisieron. Y también harán padecer al Hijo del Hombre."

Los discípulos comprendieron entonces que Jesús se refería a Juan el Bautista.

* * *

Cuando se reunieron con la multitud, se acercó a Jesús un hombre que, cayendo de rodillas, le dijo: "Señor, ten piedad de mi hijo, que es epiléptico y está muy mal: frecuentemente cae en el fuego y también en el agua. Yo lo llevé a tus discípulos, pero no pudieron curarlo."

Jesús respondió: "¡Generación incrédula y perversa! ¿Hasta cuándo estaré con ustedes? ¿Hasta cuándo tendré que soportarlos?

Tráiganmelo aquí."

Jesús increpó al demonio, y este salió del niño, quien desde aquel momento quedó curado.

Los discípulos se acercaron entonces a Jesús y le preguntaron en privado: "¿Por qué nosotros no pudimos expulsarlo?."

"Porque ustedes tienen poca fe", les dijo. "Les aseguro que si tuvieran la fe del tamaño de un grano de mostaza, ordenarían a esta montaña que se trasladara de aquí a allá, y la montaña lo haría; y nada sería imposible para ustedes."

Pero este tipo de poder no sale sino por medio de la oración y el ayuno.

* * *

Mientras estaban reunidos en Galilea, Jesús les dijo: "El Hijo del Hombre va a ser entregado en manos de los hombres: lo matarán y al tercer día resucitará."

Y ellos quedaron muy apenados.

* * *

Al llegar a Cafarnaún, los cobradores del impuesto del Templo se acercaron a Pedro, y le preguntaron: "¿Su Maestro no paga el impuesto?"

"Sí, lo paga", respondió. Cuando Pedro llegó a la casa, Jesús se adelantó a preguntarle: "¿Qué te parece, Simón? ¿De quiénes perciben los impuestos y las tasas los reyes de la tierra, de sus hijos o de los extraños?" Y como Pedro respondió:

"De los extraños", Jesús le dijo: "Eso quiere decir que los hijos están exentos. Sin embargo, para no escandalizar a esta gente, ve al lago, echa el anzuelo, toma el primer pez que salga y ábrele la boca. Allí encontrarás una moneda de plata. Tómala, y paga por mí y por ti."

Jesús y la samaritana

Vino, pues, a una ciudad de Samaría llamada Sicar, junto a la heredad que Jacob dio a su hijo José.

Y estaba allí el pozo de Jacob. Entonces Jesús, cansado del camino, se sentó junto al pozo. Era ya entrada la tarde.

Vino una mujer de Samaria a sacar agua, y Jesús le dijo: "Dame de beber." Pues sus discípulos habían ido a la ciudad a comprar de comer. La samaritana le contestó: "¿Cómo tú, siendo judío, me pides a mí de beber, que soy mujer samaritana?" Porque judíos y samaritanos no se trataban entre sí. Jesús le respondió: "Si conocieras el don de Dios, y quién es el que te dice: 'Dame de beber', tú misma se lo hubieras pedido, y él te daría agua viva."

La mujer le dijo: "Señor, no tienes con qué sacarla, y el pozo es hondo. ¿De dónde, pues, tienes el agua viva?"

"¿Eres tal vez más grande que nuestro padre Jacob, que nos dio este pozo, del cual bebieron él, sus hijos y su ganado?"

Jesús le respondió: "Cualquiera que bebiera de esta agua, volverá a tener sed, pero el que beba del agua que yo le daré, no tendrá sed nunca más. El agua que yo le daré se convertirá en él en manantial que brotará hasta la Vida eterna."

La mujer le dijo: "Señor, dame esa agua, para que no tenga yo sed, ni deba venir aquí a sacarla."

Jesús le ordenó: "Ve, llama a tu marido, y vuelve aquí."

La mujer replicó: "No tengo marido." Jesús le dijo: Tienes razón al decir que no tienes marido, porque has tenido cinco, y el que ahora tienes no es tu marido. En esto has dicho la verdad."

Le dijo la mujer: "Señor, veo que eres un profeta. Nuestros padres adoraron en este monte, y ustedes dicen que es en Jerusalén donde se debe adorar."

Jesús le dijo: "Créeme, mujer, que la hora vendrá cuando ni en este monte ni en Jerusalén se adore al Padre.

Ustedes adoran lo que no saben, nosotros adoramos lo que sabemos; porque la salvación viene de los judíos."

Pero la hora se acerca, y ya ha llegado, en que los verdaderos adoradores adorarán al Padre en espíritu y en verdad, porque esos son los adoradores que busca el Padre.

Dios es Espíritu; y los que lo adoran, deben hacerlo en espíritu y en verdad."

La mujer le dijo: "Sé que ha de venir el Mesías, llamado Cristo, y cuando venga nos dirá todas las cosas."

Jesús le dijo: "Soy Yo, el que habla contigo."

En esto vinieron sus discípulos, y se maravillaron de que estuviera hablando con una mujer; sin embargo, ninguno dijo: "¿Qué preguntas?" o "¿qué hablas con ella?"

Entonces la mujer dejó su cántaro, fue a la ciudad, y les dijo a los hombres: "Vengan a ver a un hombre que me ha dicho todo lo que hice. ¿No será este el Cristo?"

Entonces salieron de la ciudad y fueron a su encuentro.

Entre tanto, los discípulos le rogaban, diciendo: "Maestro, come."

Pero Él les dijo: "Yo tengo un alimento para comer, que ustedes no conocen."

Entonces los discípulos decían unos a otros: "¿Alguien le habrá traído algo de comer?"

Jesús agregó: "Mi alimento es cumplir la voluntad de Aquel que me envió, y que logre acabar su obra.

¿Ustedes dicen que aún faltan cuatro meses para la cosecha? Pero yo les digo: 'Levanten sus ojos y miren los campos, porque ya están listos para la cosecha.'

Y el segador recibe su salario, y recoge fruto para vida eterna. Así, el que siembra y el que cosecha comparten la misma alegría.

Porque en esto es verdadero el dicho: 'Uno siembra, y otro cosecha.'

Yo los envié a segar lo que ustedes no labraron; otros labraron, y ustedes recogen el fruto de sus esfuerzos."

Y muchos de los samaritanos de aquella ciudad creyeron en él por la palabra de la mujer, que atestiguaba: "Me dijo todo lo que hice."

Entonces, cuando vinieron los samaritanos a él y le rogaron que se quedara con ellos, se quedó allí dos días más.

Y muchos más creyeron en él, por su propia palabra, y decían a la mujer: "Ya no creemos solamente por lo que tú has dicho. Nosotros mismos lo hemos oído, y sabemos que verdaderamente este es el Cristo, el Salvador del mundo."

Jesús le enseña a Nicodemo

Había un hombre de los fariseos que se llamaba Nicodemo, un notable entre los judíos. Este vino a Jesús de noche, y le dijo: "Rabí, sabemos que has venido de Dios como maestro; porque nadie puede hacer estos milagros que tú haces si Dios no está con él."

Jesús le respondió: "Te aseguro que a menos que un hombre nazca de nuevo, no puede ver el Reino de Dios."

Nicodemo le dijo: "¿Cómo puede un hombre nacer cuando ya es viejo? ¿Puede acaso entrar por segunda vez en el vientre de su madre y volver a nacer?"

Jesús le respondió: "Te aseguro que el que no nace del agua y del Espíritu no puede entrar en el reino de Dios.

Lo que nace de la carne, carne es; y lo que nace del Espíritu, espíritu es.

No te maravilles por que te dije: Deben nacer de nuevo.

El viento sopla donde quiere, y oyes su sonido; pero ni sabes de dónde viene, ni a dónde va. Lo mismo sucede con todo el que ha nacido del Espíritu."

Nicodemo inquirió: "¿Cómo puede ocurrir esto?"
Jesús le dijo: "¿Tú, que eres maestro en Israel, no sabes estas cosas?"

Te aseguro que hablamos de lo que sabemos, y damos testimonio de lo que hemos visto, pero ustedes no aceptan nuestro testimonio. Si no creen cuando les hablo de cosas de la tierra, ¿cómo creerán si les hablo de las cosas del cielo?

Nadie subió al cielo, excepto el que descendió del cielo, el Hijo del Hombre, que está en el cielo.

Y de la misma forma en que Moisés levantó la serpiente en el desierto, también es necesario que el Hijo del Hombre sea levantado en alto, para que todos los que crean en él tengan la Vida eterna.

Porque de tal manera amó Dios al mundo, que ha entregado a su Hijo único, para que todo aquel que en él cree, no se pierda, sino que tenga la Vida eterna.

Porque Dios no envió a su Hijo al mundo para condenar al mundo, sino para que el mundo se salve por Él.

El que cree en Él, no es condenado; pero el que no cree ya está condenado, porque no ha creído en el nombre del Hijo único de Dios.

Y esta es la condena: la luz vino al mundo, y los hombres amaron más las tinieblas que la luz, porque sus obras eran malas.

Porque todo aquel que hace lo malo, odia la luz y no se acerca a ella, para que sus obras no sean descubiertas. Mas el que practica la verdad viene a la luz, para que se ponga de manifiesto que sus obras son hechas en nombre de Dios.

La mujer adúltera

Jesús fue al monte de los Olivos y, al despuntar el alba, volvió, según la costumbre, al templo. Como todo el pueblo acudía a él, se sentó a enseñarles.

Los escribas y los fariseos le trajeron a una mujer

que había sido sorprendida en adulterio, y le dijeron: "Maestro, esta mujer acaba de ser sorprendida en flagrante adulterio. Moisés, en la Ley, nos ordenó apedrear a esta clase de mujeres. Tú, ¿qué opinas?"

Le preguntaban esto para tentarlo y poder acusarlo. Pero Jesús se inclinó hacia el suelo y con el dedo comenzó a escribir en la tierra como si no los hubiera escuchado.

Como insistían en preguntarle, se incorporó y les dijo: "El que no tenga pecado, que tire la primera piedra."

E inclinándose otra vez, siguió escribiendo en el suelo.

Al oír las palabras de Jesús y ser condenados por su propia conciencia se fueron yendo uno tras otro, desde los más viejos hasta el último, hasta que dejaron a Jesús solo con la mujer.

Entonces Jesús se incorporó y le dijo: "Mujer, ¿dónde están tus acusadores? ¿Nadie te ha condenado?"

Ella respondió: "Nadie, Señor." Y Jesús compadecido le dijo: "Pues tampoco yo te condenaré. Vete, y no peques más."

Cayce nos dice que cuando Jesús escribía en la tierra, escribió algunas palabras para que los acusadores de la mujer se dieran cuenta de sus propios pecados. Por lo tanto, no pudieron acusarla porque ellos también eran culpables.

Jesús habló al pueblo una vez más, diciendo: "Yo soy la luz del mundo. El que me sigue no caminará en la oscuridad, sino que tendrá la luz de la Vida."

Entonces, los fariseos le dijeron: "Tú das testimonio de ti mismo; tu testimonio no vale."

Jesús les respondió: "Aunque yo doy testimonio de mí mismo, mi testimonio es digno de fe. Porque yo sé de dónde vine, y adónde voy; pero ustedes no saben de dónde vengo, ni adónde voy.

Vosotros juzgáis según la carne; yo no juzgo a nadie. Y aún cuando juzgo, mi juicio vale porque no soy yo solo el que da el testimonio, sino yo y el Padre que me envió.

En vuestra ley está escrito que el testimonio de dos personas es válido. Yo doy testimonio de mí mismo; y el Padre que me ha enviado da también testimonio de mí."

Entonces le preguntaron: "¿En dónde está tu padre?" Jesús les respondió: "No me conocen a mí, ni a mi Padre. Si me conocieran a mí, también conocerían a mi Padre."

Él pronunció estas palabras en la sala del Tesoro, cuando enseñaba en el Templo; y nadie lo detuvo, porque aún no había llegado su hora.

Jesús les dijo en otra ocasión: "Yo me voy, y ustedes me buscarán y morirán en su pecado. Adonde yo voy, ustedes no pueden venir."

Los judíos se preguntaban: "¿Tal vez se va a suicidar, y por eso dice: 'Adonde yo voy, no pueden venir ustedes'?"

Jesús les decía: "Ustedes son de acá abajo, yo soy de arriba. Ustedes son de este mundo, yo no soy de este mundo."

Por eso les he dicho: "Si no creen que Yo soy Él, ustedes morirán en sus pecados."

Luego le preguntaron: "¿Quién eres tú? Jesús les respondió: "Lo que les he estado diciendo desde el principio."

"Tengo muchas cosas que decir y mucho que juzgar de ustedes, pero el que me envió es veraz; y yo sólo le digo al mundo las cosas que aprendí de Él."

Ellos no comprendían que Jesús se refería al Padre.

Por lo tanto, Jesús les dijo: "Cuando hayan levantado en alto al Hijo del Hombre, entonces sabrán que soy Yo, y que no hago nada por mí mismo, sino que digo lo que mi Padre me enseñó.

Y el que me ha enviado está siempre conmigo. El Padre no me ha dejado solo, porque yo hago siempre lo que le agrada.

Jesús dijo a aquellos judíos que creían en él: "Si perseveran en mi palabra, serán verdaderamente mis discípulos; conocerán la verdad, y la verdad los hará libres."

Ellos le respondieron: "Nosotros somos descendientes de Abraham, y jamás hemos sido esclavos de nadie, ¿cómo puedes decir que seremos libres?"

Jesús les contestó: "Les aseguro que el que peca, es esclavo del pecado. El esclavo no vive en la casa para siempre, el hijo, en cambio, permanece para siempre en ella. En consecuencia, si el hijo les da la libertad, serán verdaderamente libres.

Ya sé que son hijos de Abraham; pero también sé

que tratan de matarme, porque mi palabra no tiene lugar entre ustedes.

Yo hablo de lo que he visto junto a mi Padre; ustedes hacen lo que aprendieron de su padre.

Ellos le respondieron: "Nuestro padre es Abraham." Jesús les dijo: "Si fueran hijos de Abraham, obrarían como Abraham."

"Ustedes obran como su padre." Entonces, ellos le contestaron: "Nosotros no somos una raza de fornicadores, tenemos un solo padre: Dios."

Jesús les dijo: "Si Dios fuera vuestro padre, ciertamente me amarían a mí; pues yo nací de Dios, y vengo de Dios; porque no he venido por mí mismo, sino que Él me ha enviado.

¿Por qué no entienden mi lenguaje? Porque no pueden escuchar mi palabra.

Ustedes provienen de su padre, el diablo, y quieren cumplir los deseos de su padre. Él fue homicida desde el principio; y nunca vivió en la verdad, porque no hay verdad en él. Cuando miente, expresa su propia naturaleza, porque es mentiroso. ¡Es el padre de la mentira!

Y como Yo les digo la verdad, no me creen.
¿Quién de ustedes me puede probar que soy culpable de pecado? Y si digo la verdad, ¿por qué no me creen?

El que pertenece a Dios escucha lo que Dios dice. Pero ustedes no escuchan, porque no son de Dios."

Los judíos le respondieron: "¿No tenemos razón al decir que eres un samaritano, y que estás endemoniado?"

Jesús les respondió: "No estoy poseído por

ningún demonio, sino que honro a mi Padre; y ustedes me deshonran a mí.

Yo no busco mi propia gloria; pero hay uno que la busca, y juzga.

Ciertamente, les aseguro que el que cumple mi palabra nunca morirá."

Entonces los judíos le dijeron: "¡Ahora estamos convencidos de que estás endemoniado! Abraham murió, y también los profetas, pero tú sales diciendo que si alguno guarda tu palabra, nunca morirá. ¿Acaso eres tú mayor que nuestro padre Abraham? Él murió, y también murieron los profetas. ¿Quién te crees tú?"

Jesús les respondió: "Si yo me glorificara a mí mismo, mi gloria no significaría nada. Pero quien me glorifica es mi Padre, el que ustedes dicen que es su Dios, aunque no lo conocen. Yo, en cambio, sí lo conozco. Si dijera que no lo conozco, sería tan mentiroso como ustedes; pero lo conozco y cumplo con su palabra.

Abraham, el padre de ustedes, se regocijó al pensar que vería mi día; y lo vio y se alegró."

Los judíos le dijeron: "¿No tienes ni siquiera cincuenta años, y has visto a Abraham?"

Jesús les dijo: "Les aseguro que, antes que Abraham naciera, Yo ya existía."

Entonces los judíos tomaron piedras para arrojárselas, pero Jesús se escondió, pasó inadvertido entre ellos y salió del templo.

A su paso, Jesús vio a un hombre que era ciego de nacimiento.

Y sus discípulos le preguntaron: "Maestro,

¿quién pecó para que este hombre haya nacido ciego, él o sus padres?"

Jesús les respondió: "Ni él pecó, ni sus padres, sino que esto sucedió para que la obra de Dios se manifieste en su vida.

Mientras sea de día, tenemos que llevar a cabo la obra de quien me envió. La noche llega cuando nadie puede trabajar.

Mientras Yo esté en el mundo, Yo soy la luz del mundo.

Y al decir esto, escupió en el suelo, hizo barro con la saliva y se lo untó en los ojos al ciego, diciéndole: "Ve y lávate en el estanque de Siloé."

El ciego fue y se lavó, y por supuesto, ya veía al volver.

Sus vecinos y los que lo habían visto pedir limosna decían: "¿No es este el que se sienta a mendigar?"

Algunos aseguraban: "Sí, es él." Otros decían: "No es él, sino que se le parece." Pero él insistía: "Soy yo."

Por supuesto, le preguntaron: "¿Cómo entonces se te han abierto los ojos?"

Él les respondió: "Un hombre que se llama Jesús hizo un poco de barro, me lo untó en los ojos y me dijo: 'Ve y lávate en Siloé'. Así que fui, me lavé, y entonces pude ver."

"¿Y dónde está ese hombre?", le preguntaron. "No sé", les respondió. Lo llevaron ante los fariseos.

Era sábado cuando Jesús hizo el barro y le abrió los ojos al ciego. Por eso los fariseos, a su vez, le preguntaron cómo había recibido la vista. Él les respondió: "Me untó barro en los ojos, me lavé, y ahora veo."

Algunos de los fariseos comentaban: "Ese hombre no viene de parte de Dios, porque no respeta el sábado." Otros objetaban: "¿Cómo puede un pecador hacer tales señales?" Y sus opiniones estaban divididas.

Por eso interrogaron de nuevo al ciego: "¿Y qué opinas tú de él? Fue a ti a quien te abrió los ojos." Él les dijo: "Yo digo que es un profeta."

Pero los judíos no creían que el hombre hubiera sido ciego y que ahora viera, hasta que llamaron a sus padres, y les preguntaron: "¿Es este su hijo, el que dicen ustedes que nació ciego? ¿Cómo es que ahora puede ver?"

Los padres les contestaron: "Sabemos que este es nuestro hijo y también sabemos que nació ciego. Lo que no sabemos es cómo ahora puede ver, ni quién le abrió los ojos. Pregúntenselo a él, que ya es mayor de edad y puede responder por sí mismo."

Sus padres contestaron así por miedo a los judíos, porque los judíos habían convenido que si alguien confesaba que era Cristo, se lo expulsaría de la sinagoga. Por eso dijeron: "Pregúntenselo a él. Ya es mayor de edad."

Por segunda vez llamaron a quien había sido ciego, y le dijeron: "Glorifica a Dios. Nosotros sabemos que ese hombre es un pecador."

El hombre les respondió: "Si es pecador, no lo sé. Lo único que sé es que yo era ciego y ahora veo."

Ellos le insistieron: "¿Qué te hizo? ¿Cómo te

abrió los ojos?"

Él les respondió: "Ya les dije y no me quisieron escuchar. ¿Por qué querrían oírlo de nuevo? ¿También ustedes quieren hacerse discípulos de Él?"

Entonces lo insultaron y le dijeron: "¡Tú serás su discípulo! ¡Nosotros somos discípulos de Moisés! Sabemos que Dios le habló a Moisés, pero no sabemos ni de dónde viene este."

El hombre les respondió; "¡Lo sorprendente es que ustedes no sepan de dónde salió, y que a mí me haya abierto los ojos. Sabemos que Dios no escucha a los pecadores, pero sí a los que lo honran y hacen su voluntad. Jamás se ha sabido que alguien le haya abierto los ojos a un ciego de nacimiento. Si este hombre no viniera de parte de Dios, no podría hacer nada."

Ellos replicaron: "¿Tú que naciste lleno de pecado vas a darnos lecciones?" Y lo expulsaron.

Jesús se enteró de que habían echado al ciego, y al encontrarlo le preguntó: "¿Crees en el Hijo del Hombre?"

Él le respondió: "¿Quién es, Señor? Dímelo, para que crea en él."

Jesús le dijo: "Pues ya lo has visto y es el que está hablando contigo."

Él le dijo: "Creo, Señor." Y se postró ante Él.

Entonces Jesús dijo: "Yo he venido a este mundo para juzgarlo, para que vean los que no ven y para que aquellos que ven se queden ciegos."

Algunos fariseos que estaban con él, al oírlo, le preguntaron: "¿Nosotros también somos ciegos?"

Jesús les contestó: "Si fueran ciegos, no tendrían

pecado, pero como dicen: 'Vemos', su pecado permanece."

Jesús, el buen pastor

Jesús dijo: "Les aseguro que el que no entra por la puerta al redil de las ovejas, pero trepa por otro lado, es un ladrón y un asaltante. Pero el que entra por la puerta es el pastor de las ovejas.

El portero le abre la puerta a él, y las ovejas oyen su voz. Él llama a cada una de sus ovejas por su nombre y las hace salir. Cuando las ha sacado a todas, va delante de ellas, y las ovejas lo siguen porque reconocen su voz. Pero nunca siguen a un desconocido, sino que huyen de él porque no reconocen la voz de los extraños.

Yo soy el buen pastor. El buen pastor da su vida por las ovejas.

El asalariado no es el pastor y las ovejas no le pertenecen. Ve que se acerca el lobo, abandona las ovejas y se escapa; así, el lobo ataca al rebaño y lo dispersa.

Y el asalariado huye porque como es un asalariado, no le importan las ovejas.

Yo soy el buen pastor; conozco a mis ovejas, y ellas me conocen a mí.

Como el Padre me conoce a mí, yo lo conozco al Padre, y doy mi vida por las ovejas.

Y las otras ovejas que tengo no son de este corral, y también debo traerlas. Y escucharán mi voz, y habrá un solo rebaño y un solo pastor. Por eso me ama el Padre: porque yo doy mi vida para volver a recobrarla. Nadie me la quita. Yo la entrego por mi propia voluntad. Tengo el poder de darla y de recobrarla. Este es el mandato que recibí de mi Padre."

Por causa de estas palabras surgió una división entre los judíos. Y muchos de ellos decían: "Está endemoniado y loco. ¿Por qué lo escuchan?"

Otros opinaban: "Estas palabras no son de un endemoniado. ¿Puede un demonio abrirles los ojos a los ciegos?"

* * *

Era invierno, y en esos días se celebraba en Jerusalén la fiesta de la Dedicación.

Jesús se paseaba por el templo, en el pórtico de Salomón. Entonces, lo rodearon los judíos y le preguntaron: "¿Hasta cuándo vas a tenernos en suspenso? Si tú eres el Cristo, dilo abiertamente."
Jesús les respondió: "Ya se los he dicho, pero no me creen. Las obras que hago en nombre de mi Padre dan testimonio de mí, pero ustedes no creen porque, como les dije, no son mis ovejas.
Mis ovejas oyen mi voz. Yo las conozco y ellas me siguen. Y Yo les doy vida eterna: nunca perecerán; y nadie podrá arrebatármelas de la mano.

Mi Padre, que me las ha dado, es el más grande de todos, y nadie puede arrebatar nada de la mano de mi Padre.

Yo y el Padre somos uno."

Al decir Jesús estas palabras, los judíos tomaron piedras para apedrearlo.

Jesús les dijo: "Les he mostrado muchas obras

buenas que proceden del Padre. ¿Por cuál de ellas me quieren apedrear?"

Los judíos le respondieron: "No te apedreamos por ninguna obra buena, sino por blasfemia, porque tú, siendo hombre, te haces a ti mismo Dios."

Jesús les respondió: "¿Y acaso no está escrito en su ley: 'Yo dije: Ustedes son dioses'? Si Dios llamó 'dioses' a aquellos para quienes vino la palabra de Dios y si la Escritura no puede ser quebrantada, ¿por qué dicen a aquel a quien el Padre ha santificado y enviado al mundo 'Blasfemas', tan sólo porque dijo: 'Yo soy el Hijo de Dios'?

Si no hago las obras de mi Padre, no me crean.
Pero si las hago, aunque no me crean a mí, crean por mis obras, así sabrán y entenderán que el Padre está en mí, y que Yo estoy en Él."

Nuevamente intentaron detenerlo, pero Él se les escapó de las manos.

Jesús volvió al otro lado del Jordán, al lugar donde Juan había estado bautizando antes; y se quedó allí.

Mucha gente acudía a él, y decía: "Juan nunca hizo milagros, pero todo lo que dijo de este hombre era verdad."

Y en ese lugar muchos creyeron en Él.

El buen samaritano

Entonces se presentó un doctor de la ley y, para poner a prueba a Jesús, le hizo esta pregunta: "Maestro, ¿qué tengo que hacer para heredar la Vida eterna?"

Jesús le replicó: "¿Qué está escrito en la ley? ¿Cómo la lees tú?"

Como respuesta, el hombre citó: "Amarás al Señor tu Dios con todo tu corazón, con toda tu alma, con todas tus fuerzas y con toda tu mente, y a tu prójimo como a ti mismo."

Y Él le dijo: "Bien dicho. Haz eso y vivirás."

Pero él, queriendo justificarse, le preguntó a Jesús: "¿Y quién es mi prójimo?"

Jesús le respondió: "Un hombre bajaba de Jerusalén a Jericó, y cayó en manos de unos ladrones que le quitaron la ropa, lo hirieron y se fueron, dejándolo medio muerto.

De casualidad, un sacerdote viajaba por el mismo camino y al verlo, se desvió y siguió de largo.

También pasó por aquel lugar un levita, y al verlo, se desvió y siguió su camino.

Pero un samaritano que pasaba por allí porque iba de viaje llegó a donde estaba el hombre y, cuando lo vio, se compadeció de él.

Y se acercó a él, le vendó las heridas con vino y aceite y luego lo puso sobre su propia montura, lo llevó a una posada y lo cuidó.

Al día siguiente, al partir, sacó dos monedas y se las dio al posadero y le dijo: 'Cuídalo y lo que gastes de más, te lo pagaré cuando vuelva.'

Ahora, ¿Cuál de estos tres piensas que era el prójimo del que cayó en manos de los ladrones?

Y él le dijo: "El que se compadeció de él."

Entonces, Jesús le dijo: "Anda y haz lo mismo."

María Magdalena y Marta

Sucedió que mientras iban por el camino, Jesús entró en un pueblo, y una mujer llamada Marta lo recibió en su casa.
Y ella tenía una hermana llamada María, que, sentada a los pies del Señor, escuchaba su palabra. Marta se sentía abrumada porque tenía que servir la comida y le dijo: "Señor, ¿no te importa que mi hermana me haya dejado sola con todo el trabajo? Dile que me ayude."
Jesús le contestó: "Marta, Marta, estás ansiosa y preocupada por muchas cosas, pero sólo una es necesaria. María eligió la mejor, y nadie se la quitará."

Jesús resucita a Lázaro de entre los muertos

Había un hombre enfermo llamado Lázaro, que era de Betania, el pueblo de María y de su hermana Marta.
(Era esa María la misma que ungió con aceites al Señor, y le secó los pies con sus cabellos. Su hermano Lázaro era el que estaba enfermo.)
Por lo tanto, sus dos hermanas le mandaron un mensaje a Jesús, que decía: "Señor, el que tú amas está enfermo."
Cuando Jesús oyó esto, observó: "Esta enfermedad no es mortal, es para la gloria de Dios, para que el Hijo de Dios sea glorificado por ella."
Jesús amaba a Marta, a su hermana y a Lázaro.

Aún así, cuando oyó que Lázaro estaba enfermo, se quedó dos días más en donde estaba.

Después ordenó a sus discípulos: "Volvamos a Judea."

Sus discípulos le advirtieron: "Hace muy poco los judíos quisieron apedrearte, ¿y todavía quieres volver allá?"

Jesús les respondió: "¿Acaso el día no tiene doce horas? El que camina de día no tropieza, porque ve la luz de este mundo. Pero el que anda de noche sí tropieza, porque no hay luz en él."

Después de pronunciar esto, les dijo: "Nuestro amigo Lázaro duerme, pero voy a despertarlo."

Entonces, sus discípulos le advirtieron: "Señor, si duerme, se va a recuperar."

Sin embargo, Jesús les hablaba de la muerte de Lázaro, pero sus ellos pensaron que se refería al descanso del sueño.

Por eso les dijo claramente: "Lázaro está muerto. Y me alegro por ustedes de no haber estado allí, para que crean. Pero vayamos a verlo."

Entonces, Tomás, apodado el Mellizo, comentó a los otros discípulos: "Vayamos también nosotros para morir con él."

A su llegada, Jesús se encontró con que Lázaro hacía cuatro días que estaba en el sepulcro.

Betania estaba cerca de Jerusalén, como a un poco más de tres kilómetros de distancia, y muchos judíos habían ido a casa de Marta y de María, a consolarlas por la muerte de su hermano.

Cuando Marta supo que Jesús llegaba, fue a su encuentro; pero María se quedó en casa.

Luego Marta le dijo a Jesús: "Señor, si hubieras

estado aquí, mi hermano no habría muerto. Pero yo sé que aún ahora Dios te dará todo lo que le pidas."

Jesús le respondió: "Tu hermano resucitará."

Marta agregó: "Yo sé que resucitará en la resurrección del último día."

Jesús le dijo: "Yo soy la Resurrección y la Vida. El que cree en mí, aunque muera, vivirá. Y todo el que vive y cree en mí no morirá jamás. ¿Crees en esto?"

Ella le dijo: "Sí, Señor; yo creo que tú eres el Cristo, el Hijo de Dios, el que debía venir al mundo."

Después de haber dicho esto, ella regresó a la casa y, llamando a su hermana María, le dijo en voz baja: "El Maestro está aquí y te llama."

Al oír esto, María se levantó rápidamente y fue a su encuentro.

Jesús no había entrado en el pueblo todavía. Estaba en el mismo lugar donde Marta se había encontrado con él.

Los judíos que habían estado consolando a María en la casa vieron que ella se levantaba rápidamente y salía. La siguieron pensando que iba al sepulcro para llorar allí.

Cuando María llegó a donde estaba Jesús y lo vio, se arrojó a sus pies y le dijo: "Señor, si hubieras estado aquí, mi hermano no habría muerto."

Viéndola llorar a María y a los judíos que la acompañaban, Jesús se turbó y se conmovió.

Y preguntó: "¿Dónde lo han puesto? Le respondieron: "Ven a verlo, Señor."

Jesús lloró.

Entonces, los judíos exclamaron: "¡Miren cuánto lo quería!"

Y algunos de ellos comentaban: "Este, que abrió los ojos del ciego, ¿no podría haber impedido que Lázaro muriera?"

Gimiendo por dentro, Jesús se acercó al sepulcro. Era una cueva con una piedra encima.

Jesús ordenó que quitaran la piedra. Marta, la hermana del muerto, dijo: "Señor, ya huele mal. Hace cuatro días que está muerto."

Jesús replicó: "¿No te dije que si crees, verás la gloria de Dios?"

Entonces quitaron la piedra del lugar donde yacía el muerto. Y Jesús, levantando los ojos, dijo: "Padre, te doy gracias porque me has escuchado. Yo sé que siempre me escuchas, pero lo dije por esta gente que está aquí, para que crean que me enviaste."

Y después de haber dicho esto, gritó con todas sus fuerzas: "¡Lázaro, ven afuera!"

Y el que estaba muerto salió, con las manos y los pies vendados y el rostro cubierto con un sudario. Jesús les dijo: "Desátenlo y dejen que se vaya."

Jesús enseña acerca del Reino de los Cielos

En aquel momento, los discípulos se acercaron a Jesús y le preguntaron: "¿Quién es el más importante en el Reino de los Cielos?"

Él llamó a un niño y lo hizo sentar en medio de ellos. Y dijo: "Les aseguro que a menos que ustedes cambien y se vuelvan como niños pequeños, no entrarán en el Reino de los Cielos. Por tanto, el que se humilla como este niño será el más grande en el reino de los cielos."

"Y el que recibe en mi nombre a un niño como este, me recibe a mí. Pero si alguien ofende a uno de estos pequeños que creen en mí, más le valdría que colgaran de su cuello una gran piedra de molino y lo hundieran en lo profundo del mar. ¡Ay del mundo por los escándalos! Porque es inevitable que sucedan, pero ¡ay del que los causa! Por lo tanto, si tu mano o tu pie te hace pecar, córtatelo y arrójalo lejos. Más te vale entrar en la vida manco o rengo que ser arrojado con tus dos manos o tus dos pies al fuego eterno."

"Y si tu ojo te hace pecar, sácatelo y arrójalo. Más te vale entrar en la vida con un solo ojo que ser arrojado al fuego del infierno con dos."

"Cuídense de menospreciar a cualquiera de estos pequeños; porque les digo que en el cielo sus ángeles contemplan siempre el rostro de mi Padre." Porque el Hijo del Hombre viene a salvar lo que se ha perdido.

"¿Qué les parece? Si un hombre tiene cien ovejas y se le pierde una. ¿No deja las noventa y nueve y va a las montañas para ir en busca de la extraviada?"

"Y si la encuentra, les aseguro que se pondrá más feliz por esa oveja que por las noventa y nueve que no se perdieron."

"No es la voluntad de su Padre que está en el cielo que se pierda ni siquiera uno de estos pequeños."

"Si tu hermano peca contra ti, ve y muéstrale su falta en privado. Si te hace caso, has ganado a tu hermano. Pero si no te escucha, busca a uno o dos más, para que el asunto se decida por el testimonio de dos o tres testigos."

"Si se niega a hacerles caso a ellos, dilo a la iglesia; y si tampoco hace caso a la iglesia, trátalo como si fuera pagano o publicano."

"Les aseguro que todo lo que ustedes aten en la tierra, quedará atado en el cielo, y todo lo que desaten en la tierra, quedará desatado en el cielo."

"Además les digo que si dos de ustedes se ponen de acuerdo en la tierra para pedir algo, lo obtendrán de mi Padre, que está en los cielos. Porque donde hay dos o tres reunidos en mi nombre, allí estoy yo en medio de ellos."

Jesús enseña el perdón

Entonces, Pedro se acercó a Jesús y le preguntó: "Señor, ¿cuántas veces tengo que perdonar a mi hermano cuando peque contra mí? ¿Hasta siete veces?"

Jesús le contestó: "No te digo que hasta siete veces, sino hasta setenta veces siete."

"Por eso el Reino de los Cielos se parece a un rey que quiso arreglar las cuentas con sus servidores. Al empezar su tarea, se le presentó uno que le debía diez mil talentos. Como no tenía con qué pagarle, su señor ordenó que lo vendieran a él, a su esposa y a sus hijos, y todo lo que tenía, para saldar la deuda.

El siervo se postró delante de él, diciéndole: 'Señor, por favor tenga paciencia conmigo y se lo pagaré todo. '

El señor se compadeció de su siervo, le perdonó la deuda y lo dejó ir.

Pero, al salir, ese mismo siervo se encontró con uno de sus compañeros que le debía cien monedas de plata. Lo agarró por el cuello y le dijo: '¡Págame lo que me debes! '

Su compañero se arrojó a sus pies y le dijo: 'Ten paciencia conmigo y te lo pagaré.'

Pero él no quiso, sino que fue y lo envió a la cárcel hasta que pagara la deuda.

Cuando los demás siervos vieron lo que hacía, se apenaron mucho y fueron a contarle a su señor todo lo que había sucedido.

Entonces, el señor mandó llamar al siervo y le dijo: '¡Siervo malvado! Te perdoné toda aquella deuda porque me lo suplicaste. ¿No debías haberte compadecido de tu compañero, así como yo me compadecí de ti? '

Y, enojado, su señor lo entregó a los inquisidores, hasta que pudiera pagar todo lo que debía.

Así también hará mi Padre celestial con ustedes, si no perdonan de corazón cada uno de los pecados de su hermano."

Jesús enseña sobre el divorcio

Cuando Jesús terminó de decir todo esto, dejó Galilea y se fue a Judea, más allá del Jordán.

Lo siguieron grandes multitudes, y los alivió allí.

Los fariseos también se le acercaron, y, para ponerlo a prueba, le preguntaron: "¿Está permitido que un hombre se divorcie de su esposa por cualquier causa?"

Él les respondió: "No saben que el que los hizo en el principio los hizo hombre y mujer."

"Por eso dejará el hombre a su padre y a su madre, y se unirá a su mujer y los dos llegarán a ser una sola carne."

"Por lo tanto, ya no son dos, sino una sola carne. Que el hombre no separe lo que Dios ha unido."

Ellos preguntaron: "Entonces, ¿por qué permitió Moisés redactar una declaración de divorcio para separarse de su mujer?"

Jesús les respondió: "Moisés les permitió divorciarse de su mujer debido a la dureza del corazón de ustedes, pero no era así desde el principio.

Y les digo: 'El que se divorcia de su mujer, a menos que sea por fornicación, y se casa con otra, comete adulterio; y el que se casa con la que ha sido repudiada comete adulterio. '

Los discípulos le dijeron: "Si esta es la situación del hombre con respecto a su mujer, no conviene casarse."

Pero Él les advirtió: "No todos entienden este len-guaje, sino sólo aquellos a quienes se les ha con-cedido. Porque hay algunos eunucos que nacieron así del vientre de su madre; y hay algunos eunucos que fueron castrados por los hombres; y hay otros que se convirtieron en eunucos a causa del Reino de los Cielos. ¡El que pueda entender que entienda!"

Jesús bendice a los niños pequeños

Entonces le trajeron unos niños pequeños a Jesús para que les impusiera las manos y orara, pero los discípulos los reprendían.

Pero Jesús dijo: "Dejen a los niños y no les impidan que vengan a mí, porque el Reino de los Cielos es de los que son como ellos."

Y después de haberles impuesto las manos, se fue de allí.

Jesús y el joven rico

Un hombre se le acercó y le preguntó: "Maestro bueno, ¿qué obras buenas debo hacer para heredar la vida eterna?"

Y Él le dijo: "¿Por qué me llamas bueno? Nadie es bueno sino uno: ese es Dios; pero si quieres entrar en la Vida eterna, cumple los mandamientos."

"¿Cuáles?", preguntó el hombre. "No mates, no cometas adulterio, no robes, no des falso testimonio, honra a tu padre y a tu madre y ama a tu prójimo como a ti mismo."

El joven le dijo: "He cumplido todo esto desde que era joven. ¿Qué me falta?"

Jesús le contestó: "Si quieres ser perfecto, anda ve y vende todo lo que tienes y dáselo a los pobres, y tendrás un tesoro en el cielo, y luego ven y sígueme."

Pero al oír esto, el hombre se fue triste porque era muy rico.

Luego Jesús les dijo a sus discípulos: "Les aseguro que difícilmente un rico entrará en el Reino de los Cielos. Y les repito: "Es más fácil que un camello pase por el ojo de una aguja, que un rico entre en el Reino de los Cielos." Cuando los discípulos oyeron esto, se mostraron sorprendidos y dijeron: "Entonces, ¿quién podrá salvarse?"

Jesús los miró y les explicó: "Para los hombres esto es imposible, pero para Dios todo es posible."
Pedro tomó la palabra y le dijo: "Hemos dejado todo y te hemos seguido. ¿Qué recibiremos, pues?

Y Jesús les dijo: "Les aseguro que todos los que me han seguido, en la regeneración, cuando el Hijo del Hombre se siente en su trono de gloria, se sentarán en doce tronos para juzgar a las doce tribus de Israel."

"Y todo aquel que haya dejado casa, hermanos, hermanas, madre, padre, mujer, hijos o hacienda por mi nombre, recibirá el ciento por uno y heredará la vida eterna. Pero muchos de los primeros serán los últimos, y los últimos, primeros."

Parábola de los viñateros

"Porque el Reino de los Cielos se parece a un propietario que salió de madrugada a contratar obreros para su viñedo.

Cuando había acordado pagarles un denario por día, los envió a su viñedo.

Salió luego a la hora tercia y vio a otros que

estaban parados en la plaza sin hacer nada.

Y les dijo: 'Vayan ustedes también a trabajar en mi viñedo, y les pagaré lo que sea justo.' Entonces ellos fueron.

Y luego salió nuevamente a la hora sexta y a la nona, e hizo lo mismo.

Y alrededor de la hora undécima, salió y encontró a otros más que estaban sin trabajo y les dijo: 'Vayan también ustedes a trabajar en mi viñedo y les daré lo que sea justo.'

Entonces al atardecer, el dueño del viñedo le ordenó a su administrador: 'Llama a los obreros y págales su jornal, empezando por los últimos hasta los primeros.

Y cuando se presentaron los obreros que habían sido contratados cerca de la undécima hora, cada hombre recibió un denario.

Pero cuando llegaron los primeros, esperaban recibir más, pero también recibieron un denario.

Al recibirlo, comenzaron a murmurar contra el propietario diciendo,: 'Estos últimos trabajaron una sola hora y usted los ha tratado igual que a nosotros que hemos soportado el peso del día y el calor. '

Pero él le contestó a uno de ellos, explicando: 'Amigo, no cometo ninguna injusticia contra ti. ¿Acaso no aceptaste trabajar para mí por un denario? Toma lo tuyo y vete. Quiero darle a este último lo mismo que a ti. ¿Es que no tengo derecho a hacer lo que quiera con lo mío? ¿O me vas a mirar mal por ser generoso?'

"Así los últimos serán primeros, y los primeros, últimos."

Jesús anuncia Su muerte y resurrección

Mientras Jesús subía hasta Jerusalén, tomó aparte a los doce discípulos y les dijo:

"Miren que vamos rumbo a Jerusalén, y el Hijo del Hombre será entregado a los sumos sacerdotes y a los escribas, y ellos lo condenarán a muerte."

"Y lo entregarán a los gentiles para que se burlen de él, lo azoten y lo crucifiquen. Y al tercer día resucitará."

Entonces, la madre de los hijos de Zebedeo se acercó a Jesús con sus hijos y, arrodillándose, le pidió algo.

Y Él le dijo: "¿Qué quieres?" Ella le contestó: "Manda que uno de estos dos hijos míos se siente a tu derecha y el otro a tu izquierda en tu reino." Pero Jesús le respondió: "No sabes lo que estás pidiendo. Pueden beber de mi copa y bautizarse con el bautismo con el que Yo estoy bautizado, pero no es cosa mía con-cederles sentarse a mi derecha o a mi izquierda. Es para quienes está preparado por mi Padre."

Cuando lo oyeron los otros diez, se indignaron contra los dos hermanos.

Pero Jesús los llamó y les dijo: "Como ustedes saben, los príncipes de los gentiles tienen un dominio ab-soluto sobre ellos, y los grandes las oprimen con su autoridad."

"Pero entre ustedes no debe suceder así. Al

contrario, el que quiera hacerse grande entre ustedes será su servidor, y el que quiera ser su jefe deberá ser servidor de los demás."

"De la misma manera que el Hijo del Hombre no vino para ser servido, sino para servir, y para dar su vida en rescate de muchos."

Jesús y Zaqueo

Jesús llegó a Jericó y comenzó a atravesar la ciudad. Había allí un hombre muy rico, llamado Zaqueo, que era jefe de los recaudadores de impuestos. Quería ver a Jesús, pero la multitud se lo impedía, pues era de baja estatura.

Por eso se adelantó corriendo y se subió a un sicómoro para poder verlo, porque Jesús iba a pasar por allí.

Y cuando Jesús llegó a ese lugar, miró hacia arriba y le dijo: "Zaqueo, apúrate y baja enseguida porque hoy tengo que quedarme en tu casa."

Él se apresuró a bajar y lo recibió con alegría. Al ver esto, todos comenzaron a murmurar: "Ha ido a hospedarse a la casa de un pecador."

Zaqueo se puso de pie y dijo a Jesús: "Señor, ahora mismo voy a dar a los pobres la mitad de mis bienes, y si en algo he defraudado a alguien, le devolveré cuatro veces más."

Jesús le dijo: "Hoy ha llegado la salvación a esta casa, porque este también es hijo de Abraham."
Porque el Hijo del Hombre vino a buscar y a salvar lo que se había perdido."

Y mientras salían de Jericó, una gran multitud lo

seguía.

Dos ciegos estaban sentados junto al camino. Cuando oyeron que pasaba Jesús, gritaron: "¡Ten compasión de nosotros, Señor, Hijo de David!"

Jesús se detuvo, los llamó y les preguntó: "¿Qué quieren que haga por ustedes?" Ellos le contestaron: "Señor, abre nuestros ojos."

Entonces Jesús se compadeció de ellos, les tocó los ojos; e inmediatamente sus ojos recobraron la vista y lo siguieron.

Tercera parte:

La resurrección y la ascensión

La entrada triunfal de Jesús en Jerusalén

Cuando se acercaban a Jerusalén y llegaron a Betfagé, en el monte de los Olivos, Jesús envió a dos discípulos, diciéndoles: "Vayan al pueblo que está enfrente de ustedes, y ahí mismo encontrarán una burra atada, y su cría con ella. Desátenla y tráiganmelos. Si alguien les dice algo, díganle que el Señor los necesita, pero que ya los devolverá."

Esto sucedió para que se cumpliera lo anunciado por el profeta: "Digan a la hija de Sión: 'Mira, tu rey viene a ti, humilde y montado en una burra con su burrito.'"

Los discípulos fueron e hicieron lo que les había mandado Jesús.

Llevaron la burra y el burrito, y pusieron encima su ropa y allí se sentó Jesús.

Había mucha gente que tendía su ropa sobre el camino; otros cortaban ramas de los árboles y con ellas cubrían el camino.

Tanto la gente que iba delante de él como la que iba detrás gritaba: "¡Hosanna al Hijo de David! ¡Bendito el que viene en nombre del Señor! ¡Hosanna en las alturas!"

Cuando Jesús entró en Jerusalén, toda la ciudad se conmovió y la gente preguntaba: "¿Quién es éste?"

La multitud decía: "Éste es Jesús, el profeta de Nazaret de Galilea."

Jesús expulsa a los mercaderes del templo

Jesús hizo un látigo con pequeñas cuerdas, entró en el Templo de Dios y echó de allí a todos los que compraban y vendían, volcó las mesas de los mercaderes que cambiaban dinero y de los puestos de los que vendían palomas.

"Está escrito –les dijo– 'Mi casa será llamada casa de oración, pero ustedes la están convirtiendo en una cueva de ladrones.'"

Se le acercaron en el templo ciegos y paralíticos; y Él los sanó.

Y cuando los Sumos Sacerdotes y los escribas vieron las cosas maravillosas que hacía, y a los niños que en el templo gritaban: "¡Hosana al Hijo de David!", se indignaron.

Y le dijeron: "¿Estás escuchando lo que dicen?" Y Jesús les respondió: "Sí. ¿No han leído nunca: 'De la boca de las criaturas y de los niños de pecho has hecho brotar la alabanza?'"

Entonces los dejó y salió de la ciudad, llegó a Betania y pasó la noche allí.

A la mañana, cuando volvía a la ciudad, sintió hambre.

Al ver una higuera junto al camino, se acercó a ella, pero no encontró nada más que hojas. Entonces le dijo: "¡Nunca más vuelvas a dar fruto!" Y la higuera se secó inmediatamente.

Cuando los discípulos vieron esto, se asombraron y le preguntaron: "¿Cómo es que se secó la higuera tan pronto?"

Jesús les respondió: "Les aseguro que si tienen fe y no dudan, no sólo harán lo que acabo de hacer con la higuera, sino que podrán decirle a esta montaña: '¡Quítate de ahí y tírate al mar!', y así lo hará."

Y recibirán todo lo que pidan en sus oraciones, si tienen fe.

Cuando Jesús entró en el templo, se le acercaron los Sumos Sacerdotes y los ancianos del pueblo. Mientras Él enseñaba, le preguntaron: "¿Con qué autoridad haces estas cosas? ¿Y quién te dio esa autoridad?"

Y Jesús les respondió: "Yo también voy a hacerles una pregunta y si me la contestan, les diré con qué autoridad hago estas cosas."

"¿De dónde venía el bautismo de Juan? ¿Del cielo o de los hombres?" Ellos pensaban para sí: "Si respondemos 'del cielo', nos dirá: 'Entonces, ¿por qué no me creen?'. Pero si decimos 'de los hombres'... tenemos miedo de la gente, porque todos consideran a Juan un profeta."

Entonces respondieron a Jesús: "No sabemos." Y Él les contestó: "Yo tampoco les voy a decir con qué autoridad hago estas cosas."

Jesús enseña con parábolas

¿Qué les parece? Un hombre tenía dos hijos. Se dirigió al primero y le pidió: "Hijo, ve a trabajar a mi viña hoy."

"No quiero", le contestó, pero después se arrepintió y fue.

Luego se dirigió al otro hijo y le pidió lo mismo.

Éste contestó: 'Voy, señor'; pero no fue.

¿Cuál de los dos hizo lo que su padre quería? "El

primero", contestaron ellos. Jesús les dijo: "Les aseguro que los recaudadores de impuestos y las prostitutas llegarán al Reino de Dios antes de ustedes. Porque Juan fue enviado a ustedes para señalarles el camino de la justicia, y no le creyeron. Pero los recaudadores de impuestos y las prostitutas creyeron en él. Y ustedes, incluso después de ver esto, no se arrepintieron para así poder creerle.

Escuchen otra parábola: "Había un propietario que plantó un viñedo. Lo cercó, cavó un lagar y construyó una torre. Lo arrendó a unos viñadores y se fue a un país lejano.

Cuando se acercó el tiempo de la vendimia, envió sus servidores a los viñadores para percibir sus frutos.

Los viñadores agarraron a esos servidores. Golpearon a uno, mataron a otro y apedrearon a un tercero.

La segunda vez el propietario mandó un número mayor de sus servidores, y les hicieron lo mismo.

Al final, envió a su propio hijo, diciendo: '¡A mi hijo sí lo respetarán!' Pero cuando los viñadores vieron al hijo, se dijeron: 'Éste es el heredero. Matémoslo para quedarnos con su herencia.'

Y lo agarraron, lo arrojaron fuera del viñedo y lo mataron."

"Cuando el dueño vuelva, ¿qué hará con esos labradores?", preguntó Jesús.

Le contestaron: "Destruirá a esos malvados y

arrendará el viñedo a otros viñadores que le den el fruto de la cosecha."

Jesús les dijo: "¿No han leído nunca en las Escrituras: 'La piedra que desecharon los constructores será la piedra angular: esta es la obra del Señor, y es maravillosa a nuestros ojos'?"

"Por eso les digo que a ustedes se les quitará el Reino de Dios, y éste será entregado a un pueblo que rinda sus frutos."

"Y el que caiga sobre esta piedra se quebrará, y si ella cae sobre alguien, lo pulverizará."

Cuando los Sumos Sacerdotes y los fariseos oyeron sus parábolas, se dieron cuenta de que hablaba de ellos.

Pero cuando buscaron apresarlo, tuvieron miedo de la gente, que lo consideraba un profeta.

Jesús volvió a hablarles por medio de parábolas, diciendo:

"El Reino de los Cielos es comparable con un rey que preparaba las bodas de su hijo. Envió a sus siervos para llamar a los invitados, pero estos se negaron a venir.

Después mandó a otros siervos y les dijo: 'Digan a los invitados que ya he preparado el banquete: Ya han matado mis bueyes y mis terneros cebados, y todo está listo. Vengan a las bodas.' Pero ellos no hicieron caso y se fueron: uno a su campo; otro, a su negocio.

Los demás agarraron a los sirvientes, los maltrataron y los mataron.

Cuando el Rey oyó esto, se enfureció. Mandó a sus ejércitos para destruir a los asesinos e incendiar su ciudad.

Luego dijo a sus siervos: 'El banquete de bodas está preparado, pero los invitados no eran dignos de él. Vayan a los caminos e inviten al banquete a todos los que encuentren.'

Entonces, los sirvientes salieron a los caminos y reunieron a todos los que encontraron, buenos y malos, y la boda se llenó de invitados.

Cuando el rey entró para ver a los invitados, vio que había un hombre que no estaba vestido de fiesta.

Y le dijo: 'Amigo, ¿cómo entraste aquí sin el traje de fiesta?' El hombre se quedó mudo.

Entonces, el rey dijo a los sirvientes: 'Átenlo de pies y manos, y échenlo afuera, a la oscuridad, donde habrá llanto y rechinar de dientes.'

Porque muchos son los invitados, pero pocos los escogidos."

Jesús se dirige a los fariseos y saduceos

Entonces, los fariseos salieron y se reunieron para pensar en la forma de tender una trampa a Jesús.

Y le enviaron a varios de sus discípulos junto con los herodianos[6], que le dijeron: "Maestro, sabemos que eres veraz y que enseñas con fidelidad el camino de Dios, y que no tienes en cuenta la condición de las personas, porque no te fijas en las

---

[6] N. de la T.: Herodianos: Partidarios de la dinastía de Herodes, designados para denunciar a la autoridad romana las palabras hostiles que, según ellos, Jesús pronunciaba en contra del Cesar.

apariencias de nadie.

Dinos, pues, ¿qué te parece? ¿Es lícito pagar impuestos al Cesar o no?"

Pero Jesús percibió su maldad, y dijo: "¡Hipócritas! ¿Por qué me ponen a prueba? "

"Muéstrenme la moneda para el impuesto." Y le mostraron un denario. Y Él les dijo: "¿De quién es esta imagen y esta inscripción?" Ellos respondieron: "Del Cesar." Entonces Él les dijo: "Den al Cesar lo que es del Cesar, y a Dios lo que es de Dios."

Al oír esto, se sorprendieron. Lo dejaron y siguieron su camino.

Ese mismo día se le acercaron los saduceos, que no creían en la resurrección, y le preguntaron:

"Maestro, Moisés nos enseñó que si un hombre muere sin tener hijos, su hermano se casará con su mujer y criará los hijos de su hermano. Ahora bien, había entre nosotros siete hermanos. El primero se casó, y como murió sin tener hijos, dejó su esposa al hermano. Lo mismo ocurrió con el segundo y el tercero, y así sucesivamente hasta llegar al séptimo. Finalmente, murió la mujer.

Y por consiguiente, en la resurrección, ¿de cuál de los siete será esposa esta mujer, ya que lo fue de todos?"

Jesús les contestó: "Están equivocados, porque desconocen las Escrituras y el poder de Dios.

En la resurrección, nadie se casará ni serán dado en casamiento, sino que todos serán como los ángeles de Dios que están en el cielo. Pero en cuanto a la resurrección de los muertos, ¿no han leído lo que Dios les dijo a ustedes: 'Yo soy el Dios de Abraham, el Dios de Isaac y el Dios de Jacobo'? Dios no es el Dios de muertos, sino de los vivos."

Cuando la multitud oyó esto, quedó asombrada con su enseñanza.

Pero cuando los fariseos se enteraron de que Jesús había hecho callar a los saduceos, se reunieron en grupo. Entonces, uno de ellos, que era doctor de la ley, lo puso a prueba con esta pregunta: "Maestro, ¿cuál es el mandamiento más importante de la Ley?"

Jesús le dijo: "'Ama al Señor tu Dios con todo tu corazón, con toda tu alma y con toda tu mente.'Éste es el mayor y el primer mandamiento." El segundo es semejante a éste: "'Ama a tu prójimo como a ti mismo.' De estos dos mandamientos dependen toda la ley y los profetas."

Mientras estaban reunidos los fariseos, Jesús les preguntó: "¿Qué piensan ustedes acerca del Cristo? ¿De quién es hijo?" Ellos respondieron: "Es el Hijo de David."

Jesús replicó: "¿Por qué, entonces, David, movido por el Espíritu, lo llama 'Señor' cuando dice: 'El Señor dijo a mi Señor: Siéntate a mi derecha, hasta que ponga a tus enemigos debajo de tus pies.'

Si David lo llama 'Señor', ¿cómo puede ser su hijo?"

Y ninguno fue capaz de responderle ni una sola palabra; y desde aquel día nadie se atrevió a hacerle más preguntas.

Entonces, Jesús dijo a la multitud y a sus discípulos:

"Los escribas y los fariseos ocupan el lugar de Moisés.

Ustedes hagan y cumplan todo lo que ellos les digan, pero no se guíen por sus obras, porque no hacen lo que dicen. Atan pesadas cargas y las ponen sobre los hombros de los demás, mientras que ellos mismos no están dispuestos a moverlas con un dedo. Hacen todo lo posible para que la gente los vea. Agrandan las filacterias[7] y alargan las borlas de su manto.

Les gusta ocupar los lugares más importantes en los banquetes y los primeros asientos en las sinagogas, los saludos en las plazas y que los hombres los llamen 'Rabí[8].'"

Pero ustedes no se hagan llamar 'Rabí', porque tienen un solo Maestro, Cristo, y todos ustedes son hermanos.

No llamen 'padre' a nadie en la tierra, porque sólo uno es su Padre, que está en el Cielo. Ni permitan que los llamen 'maestros', porque uno solo es su Maestro, Cristo.

Pero el más importante entre ustedes será el servidor de todos los otros.

Porque el que se ensalce será humillado, y el que se humille será ensalzado."

---

[7] N. de la T.: Filacterias: pequeños estuches que contenían las palabras esenciales de la Ley y que los judíos ataban en su brazo derecho y en su frente, excepto los días sábados y los días santos.
[8] N. de la T.: Maestro, erudito, sabio.

"¡Ay de ustedes, escribas y fariseos, hipócritas! Porque cierran a los hombres el Reino de los Cielos, y ustedes ni entran ni dejan entrar a los que intentan hacerlo.

¡Ay de ustedes, escribas y fariseos, hipócritas! Porque ustedes devoran las casas de las viudas, y para disimular hacen largas oraciones. Por lo tanto, ustedes recibirán la mayor condena.

¡Ay de ustedes, escribas y fariseos, hipócritas! Recorren mar y tierra para ganar un solo adepto. Y cuando lo han conseguido, lo hacen un hijo del infierno, aún más que ustedes.

¡Ay de ustedes, guías ciegos!, que dicen: 'Si alguien jura por el templo, no vale; pero si jura por el oro del templo, queda obligado.'

¡Insensatos y ciegos! ¿Qué es más importante: el oro, o el templo que hace sagrado el oro?

Y si alguien jura por el altar, no significa nada; pero si jura por la ofrenda que está sobre él, queda obligado.

¡Insensatos y ciegos! ¿Qué es más importante: la ofrenda, o el altar que hace sagrada la ofrenda?

Por lo tanto, el que jura por el altar, jura no sólo por el altar sino por todo lo que está sobre él.

El que jura por el templo, jura no sólo por el templo sino por Aquel que lo habita.

Y el que jura por el cielo, jura por el trono de Dios y por Aquel que está sentado en él.

¡Ay de ustedes, escribas y fariseos, hipócritas! Pagan el diezmo de la menta, del anís y del comino, pero han descuidado los asuntos más importantes de la Ley: la justicia, la misericordia y la fidelidad! Hay que practicar esto sin descuidar aquello.

¡Guías ciegos que filtran el mosquito, pero se tragan el camello!

¡Ay de ustedes, escribas y fariseos, hipócritas! Limpian por afuera la copa y el plato, pero por dentro están llenos de codicia y de desenfreno!

¡Fariseo ciego! Limpia primero por dentro la copa y el plato, y así quedarán limpios también por fuera.

¡Ay de ustedes, escribas y fariseos, hipócritas! Son como sepulcros blanqueados. Por fuera lucen hermosos, pero por dentro están llenos de huesos de muertos y de toda la podredumbre.

Así también ustedes, por fuera dan la impresión de ser justos, pero por dentro están llenos de hipocresía y de maldad.

¡Ay de ustedes, escribas y fariseos, hipócritas! Construyen tumbas para los profetas, adornan los sepulcros de los justos y dicen: 'Si hubiéramos vivido en los tiempos de nuestros padres, no habríamos colaborado con ellos en derramar la sangre de los profetas.'

De esta manera atestiguan contra ustedes mismos que son descendientes de los que mataron a los profetas.

¡Colmen entonces la medida de sus padres! ¡Serpientes!

¡Generación de víboras! ¿Cómo escaparán ustedes de la condenación del infierno?

Por eso yo les voy a enviar profetas, sabios y escribas. Ustedes matarán y crucificarán a unos; a otros los azotarán en sus sinagogas y los perseguirán de ciudad en ciudad.

Así caerá sobre ustedes toda la sangre justa derramada sobre la tierra, desde la sangre del justo Abel hasta la de Zacarías, hijo de Beraquías, a quien ustedes asesinaron entre el santuario y el altar.

Les aseguro que todo esto vendrá sobre esta generación.

Jerusalén, Jerusalén, que mataste a los profetas y apedreaste a los que se te enviaron! ¡Cuántas veces hubieras podido reunir a tus hijos, como la gallina reúne a sus pollitos debajo de sus alas, y no quisiste!

Y les aseguro que ya no me verán más hasta que digan: '¡Bendito el que viene en el nombre del Señor!'"

Jesús anuncia su retorno a la tierra

Jesús describe los hechos que precederán su vuelta a la tierra en el siguiente pasaje:

Jesús salió del Templo y se le acercaron sus discípulos para mostrarle los edificios que conformaban aquella sinagoga.

Y Él les dijo: "¿Ven todo esto? Les aseguro que no quedará piedra sobre piedra que no sea derribada."

Y mientras Jesús estaba sentado en el monte de los Olivos, los discípulos se le acercaron y le preguntaron en privado: "Dinos, ¿cuándo sucederán estas cosas, y cuáles serán las señales de tu venida y del fin del mundo?"

"Tengan cuidado de que ningún hombre los engañe. Vendrán muchos que, usando mi nombre, dirán: 'Yo soy Cristo', y engañarán a muchos.

Ustedes oirán hablar de guerras y de rumores de guerras, pero no se alarmen porque estas cosas deben pasar, aunque todavía no será el fin.

Se levantará una nación contra otra nación, y un reino contra otro reino. Habrá hambre, pestes y terremotos por todas partes.

Todo esto no será más que el comienzo del dolor. Entonces ustedes serán entregados para que los torturen y los maten, y serán odiados por todas las naciones a causa de mi Nombre.

Entonces muchos serán ofendidos; se traicionarán y se odiarán unos a otros.

Y aparecerán falsos profetas que engañarán a la mayoría.

Y habrá tanta maldad que el amor de muchos se enfriará.

Pero el que persevere hasta el fin se salvará.

Y este Evangelio del Reino se predicará en todo el mundo como testimonio delante de todas las naciones. Y entonces vendrá el fin.

Así que cuando vean la abominación de la desolación, de la que habló el profeta Daniel, erigida en el Lugar Santo (el que lee, que entienda), los que estén en Judea huyan a las montañas. El que esté en la azotea, no baje a llevarse nada de su casa. Y el que esté en el campo, no regrese para buscar su capa.

¡Ay de las mujeres que estén embarazadas o que estén amamantando a sus niños en esos días!

Rueguen para que no tengan que huir ni en invierno, ni en día sábado.

Porque habrá una gran tribulación, como no la hubo desde el principio del mundo hasta ahora, ni la habrá jamás.

Si no se acortaran esos días, nadie sobreviviría, pero a causa de los elegidos se acortarán.

Entonces, si alguien les dice a ustedes: '¡Miren, aquí o allá está Cristo!, no lo crean.

Porque surgirán falsos Cristos y falsos profetas que harán grandes señales y milagros asombrosos para engañar incluso a los elegidos.

¡Miren que se los he dicho de antemano!

Por eso, si les dicen que está en el desierto, no salgan; y si les dicen que está en los aposentos, no lo crean.

Porque así como el relámpago que sale del este se ve en el oeste, así será la venida del Hijo del Hombre.

Donde esté el cadáver, allí se reunirán los buitres. Inmediatamente después de la tribulación de aquellos días, el sol se oscurecerá y la luna no dará su luz; las estrellas caerán del cielo y los astros de los cielos serán sacudidos.

Y entonces aparecerá la señal del Hijo del Hombre en el cielo; y se vestirán de luto todas las razas de la tierra. Y verán al Hijo del Hombre venir, sobre las nubes del cielo, con poder y gran gloria.

Él enviará a sus ángeles que, con un gran sonido de trompeta emitido a los cuatro vientos, reunirán a los elegidos, de un extremo al otro del cielo.

Ahora aprendan la parábola de la higuera:

Cuando sus ramas están tiernas y brotan sus hojas, sabe que el verano está cerca.

Igualmente, cuando vean todas estas cosas, sepan que el tiempo está cerca, a la puerta.

Les aseguro que no morirá esta generación sin que todas estas cosas sucedan.

El cielo y la tierra pasarán, pero mis palabras no pasarán.

En cuanto al día y la hora, nadie lo sabe, ni los ángeles del cielo, sino sólo el Padre.

Como en tiempos de Noé, así será la venida del Hijo del Hombre.

Porque en los días antes del diluvio comían, bebían, se casaban y daban en casamiento; hasta el día en que Noé entró en el arca.

Y no sabían nada de lo que sucedería hasta que llegó el diluvio y se los llevó a todos. Así será en la venida del Hijo del Hombre.

Dos hombres estarán en el campo: uno será llevado y el otro se quedará. Dos mujeres estarán moliendo: una será llevada y la otra se quedará.

Por lo tanto, estén alertas, porque no saben qué día vendrá su Señor.

Pero entiendan que si el dueño de casa hubiera sabido a qué hora de la noche iba a llegar el ladrón, se habría mantenido despierto para no dejarlo forzar la entrada.

Por eso también ustedes deben estar preparados, porque el Hijo del Hombre vendrá a la hora menos pensada.

¿Quién es entonces, el servidor fiel y prudente, a quien el señor ha puesto al frente de su personal para que distribuya el alimento a su debido tiempo?

Feliz aquel servidor a quien su señor, al regresar, encuentre haciendo este trabajo. Les aseguro que lo pondrá al frente de todos sus bienes.

Pero, ¿qué tal si ese siervo malo piensa: 'Mi señor está demorando su venida', y empieza a golpear a sus compañeros, y a comer y beber con los borrachos? Su señor llegará el día y a la hora menos pensados, lo castigará, y lo pondrá junto a los hipócritas. Allí habrá llanto y rechinar de dientes."

"El Reino de los Cielos será entonces como diez jóvenes que tomaron sus lámparas y salieron a recibir al novio. Cinco de ellas eran sensatas y cinco necias.

Las insensatas llevaron sus lámparas, pero no llevaron aceite; las sensatas, en cambio, llevaron frascos de aceite junto con sus lámparas. Y como el novio tardaba en llegar, les dio sueño y se quedaron dormidas.

A medianoche se oyó un grito: '¡Ya viene el novio, salgan a recibirlo!' Entonces todas las jóvenes se despertaron y prepararon sus lámparas.

Las necias dijeron a las sensatas: '¿Podrían darnos un poco de su aceite, porque nuestras lámparas se están apagando?'

Las sensatas les contestaron: 'No, porque así no va a haber ni para nosotras ni para ustedes. Es mejor que vayan a comprar ustedes mismas.'

Y mientras ellas habían ido a comprar el aceite, llegó el novio, y las jóvenes que estaban listas entraron con él a la fiesta de bodas. Y se cerró la puerta. Después llegaron las otras jóvenes y dijeron: '¡Señor! ¡Señor! ¡Ábrenos la puerta!' Pero Él les respondió: 'Les aseguro que no las conozco.'

Por lo tanto, manténganse alertas porque no saben ni el día ni la hora en que viene el Hijo del hombre."

El Reino de los Cielos es también parecido a un hombre que, al salir de viaje, llamó a sus siervos y les confió sus bienes.

A uno le dio cinco talentos, a otro, dos y al tercero, uno: a cada uno según su capacidad. Y se fue de viaje.

El que había recibido los cinco talentos fue a negociar con ellos y ganó otros cinco.

Y el que recibió dos ganó otros dos.

Pero el que había recibido uno hizo un pozo y enterró el dinero de su señor.

Después de mucho tiempo, llegó el señor y arregló cuentas con ellos.

El que había recibido los cinco talentos trajo otros cinco y dijo: 'Señor, me diste cinco talentos. Mira, he ganado otros cinco.'

Su señor le respondió: 'Bien hecho, siervo bueno y fiel. Ya que respondiste bien en lo poco; te encargaré mucho más. Entra a compartir la felicidad de tu señor.'

Luego llegó el que recibió dos talentos y dijo: 'Señor, me diste dos talentos. Mira, he ganado otros dos aparte de ellos.'

Su señor le respondió: 'Hiciste bien, siervo bueno y fiel Ya que has sido fiel en lo poco; te encargaré mucho más. Entra a compartir la felicidad de tu señor.'

Después llegó el que había recibido sólo un talento y dijo: 'Señor, sé que eres un hombre duro, que cosecha donde no ha sembrado y recoge donde no ha esparcido.

Por eso tuve miedo, y fui a esconder tu talento en la tierra. Mira, aquí tienes lo que es tuyo.'

Su señor le contestó: 'Siervo malo y perezoso Si sabías que cosecho donde no he sembrado y recojo donde no he esparcido, tendrías que haber entregado mi dinero a los mercaderes, para que a mi regreso lo recibiera con intereses. Quítenle el talento para dárselo al que tiene diez. Porque a todo el que tiene, se le dará más, y tendrá en abundancia; y al que no tiene se le quitará incluso lo poco que tiene. A ese siervo inútil échenlo afuera, a la oscuridad, donde habrá llanto y rechinar de dientes.'

Cuando el Hijo del Hombre venga en su gloria con todos sus ángeles, se sentará en su trono glorioso.

Todas las naciones se reunirán delante de él, y él separará a unos de otros, como separa el pastor las ovejas de las cabras.

Pondrá las ovejas a su derecha, pero las cabras a su izquierda.

Entonces el Rey dirá a los que estén a su derecha: 'Vengan ustedes, a quienes mi Padre ha bendecido; y reciban en herencia el Reino que les fue preparado desde la creación del mundo.

Porque tuve hambre, y ustedes me dieron de comer; tuve sed, y me dieron de beber; estaba de paso, y me alojaron.

Estaba desnudo, y me vistieron; estuve enfermo,

y me visitaron; estuve en la cárcel, y me vinieron a ver.'

Y los justos le contestarán: 'Señor, ¿cuándo te vimos hambriento y te alimentamos, o sediento y te dimos de beber?'

¿Cuándo te vimos de paso y te alojamos, o desnudo y te vestimos?

¿Cuándo te vimos enfermo o en la cárcel y te visitamos?'

El Rey les responderá: 'Les aseguro que todo lo que hicieron por el más pequeño de mis hermanos, lo hicieron por mí.'

Luego dirá a los que estén a su izquierda: 'Aléjense de mí, malditos, vayan al fuego eterno preparado para el demonio y sus ángeles. Porque tuve hambre, y ustedes no me dieron de comer; tuve sed, y no me dieron de beber. Estaba de paso, y no me alojaron; necesité ropa, y no me vistieron; estuve enfermo y en la cárcel, y no me visitaron.'

Ellos replicarán: 'Señor, ¿cuándo te vimos hambriento o sediento, de paso, o desnudo, o enfermo, o en la cárcel, y no te ayudamos?' Él les responderá: 'Les aseguro que todo lo que no hicieron por el más pequeño de mis hermanos, tampoco lo hicieron por mí.'

Estos irán al castigo eterno, y los justos a la vida eterna."

La conspiración para matar a Jesús

Cuando Jesús terminó de decir todas estas palabras, les dijo a sus discípulos:

"Ya saben que faltan dos días para la Pascua, y el Hijo del Hombre será traicionado y crucificado."

Entonces, los Sumos Sacerdotes, los escribas y los ancianos del pueblo se reunieron en el palacio de Caifás, el Sumo Sacerdote, y se pusieron de acuerdo para detener a Jesús con artimañas y matarlo.

"Pero no durante la fiesta, para que no se amotine el pueblo", decían.

Mientras Jesús estaba en Betania, en casa de Simón el Leproso, María Magdalena vino a Él con un frasco de alabastro lleno de un ungüento muy caro, y lo derramó sobre la cabeza de Jesús mientras él estaba sentado a la mesa.

Al ver esto, los discípulos indignados preguntaron: "¿Para qué este derroche? Se podría haber vendido este ungüento a buen precio para repartir el dinero entre los pobres."

Conciente de ello, Jesús replicó: "¿Por qué molestan a esta mujer? Ha hecho una obra hermosa conmigo. Siempre tendrán con ustedes a los pobres, pero a mí no me van a tener siempre. Ella derramó este ungüento sobre mi cuerpo para prepararme para la sepultura. Les aseguro que en cualquier parte del mundo donde se predique este Evangelio, también se contará lo que ella hizo en su memoria."

* * *

Uno de los doce, llamado Judas Iscariote, fue a ver a los Sumos Sacerdotes.

Y les dijo: "¿Cuánto me darán si se los entrego?"

Y ellos se pusieron de acuerdo con él por treinta

monedas de plata.

Y desde momento Judas buscaba una oportunidad para entregarlo.

La última cena

El primer día de la fiesta de los Ácimos[9], los discípulos se acercaron a Jesús y le preguntaron: "¿Dónde quieres que hagamos los preparativos para la comida de Pascuas?"

Él les respondió: "Vayan a la ciudad, un hombre que lleva un recipiente con agua se encontrará con ustedes allí. Síganlo hasta adentro de la casa en que entre. Y le dirán al dueño de casa: 'El Maestro te dice: ¿Dónde está el cuarto de los invitados? ¿Dónde voy a celebrar la Pascua con mis discípulos?' Y el dueño de casa les mostrará una gran habitación preparada en el piso superior, lista para la comida."

Los discípulos hicieron entonces como Jesús les había mandado, y prepararon la Pascua.

Al atardecer, se sentó a la mesa con los doce.

Y mientras comían, Jesús tomó pan y lo bendijo, lo partió y lo dio a sus discípulos, diciendo: 'Tomen y coman, este es mi cuerpo."

Después tomó una copa, dio gracias, y se las entregó diciendo: "Beban todos de ella. Porque esta es mi sangre, la sangre de la Alianza, que es derramada por muchos para el perdón de los

---

[9] N. de la T.: Ácimos: panes sin levadura.

pecados.

Les digo que desde ahora no beberé más de este fruto de la vid, hasta el día en que beba con ustedes el vino nuevo en el Reino de mi Padre."

Y cuando terminó la cena, el demonio ya había entrado en el corazón de Judas Iscariote, hijo de Simón, para que traicionara a Jesús.

Jesús sabía que el Padre había puesto todas las cosas en sus manos y que Él había venido de Dios y volvía a Dios.

Se levantó de la mesa, se quitó el manto, tomó una toalla y se la ató a la cintura.

Luego echó agua en un recipiente y comenzó a lavar los pies de sus discípulos y a secárselos con la toalla que tenía en la cintura.

Luego se acercó a Simón Pedro, y Pedro le dijo: "¿Tú, Señor, me vas a lavar los pies a mí?"

Jesús le respondió: "No comprendes lo que estoy haciendo ahora, pero lo comprenderás más tarde."

Pedro replicó: "¡Jamás me lavarás los pies!"

Jesús le respondió: "Si no te los lavo, no podrás compartir mi suerte."

Simón Pedro concedió: "Entonces, Señor, ¡no sólo los pies sino también las manos y la cabeza!"

Jesús le dijo: "El que ya se ha bañado no necesita lavarse más que los pies porque está completamente limpio. Y ustedes están limpios, aunque no todos."

Porque Jesús sabía quién lo iba a traicionar, y por eso dijo: "No todos están limpios."

Después de haber terminado de lavarles los pies, se puso el manto, se sentó nuevamente y les dijo: "¿Entienden lo que he hecho con ustedes?

Ustedes me llaman Maestro y Señor, y dicen bien, porque lo soy. De modo que si yo, que soy el Señor y el Maestro, les he lavado los pies, ustedes también deben lavarse los pies los unos a los otros.

Les he dado el ejemplo, para que hagan lo mismo que yo he hecho con ustedes.

Les aseguro que ni el servidor es más que su amo, ni el mensajero es más grande que el que lo envió.

Si entienden estas cosas y las ponen en práctica, serán felices.

No me refiero a todos ustedes, conozco a quiénes he escogido. Pero esto es necesario para que se cumpla la Escritura: 'El que comparte el pan conmigo se ha vuelto contra mí.'

Les digo esto desde ahora, antes de que suceda, para que cuando suceda, crean que Yo soy Él.

Les digo que el que reciba al que yo envíe me recibe a mí, y el que me recibe a mí recibe al que me envió."

Después de decir esto, Jesús se angustió profundamente y declaró: "Les aseguro que uno de ustedes me va a traicionar."

Los discípulos se miraban unos a otros sin saber a cuál de ellos se refería.

Uno de ellos, el discípulo a quien Jesús amaba, estaba reclinado sobre su pecho.

Simón Pedro lo llamó para preguntarle a quién se refería.

Reclinándose sobre Jesús, él le preguntó: "Señor, ¿quién es?"

Jesús le respondió: "Es aquel al que daré el bocado que voy a mojar en el plato." Y luego de mojar el bocado, se lo dio a Judas Iscariote, el hijo de Simón.

Y junto con el bocado, entró Satanás en él. Entonces Jesús le dijo: "Hagas lo que hagas, hazlo pronto."

Pero ninguno de los comensales entendió por qué se lo decía.

Algunos pensaron que como Judas era el encargado del dinero Jesús le había dicho: "Compra lo que necesitamos para la fiesta", o bien que diera algo a los pobres.

En cuanto Judas recibió el bocado, salió. Ya era de noche.

Cuando Judas salió, Jesús dijo: "Ahora ha sido glorificado el Hijo del Hombre, y Dios ha sido glorificado en él.

Si Dios ha sido glorificado en él, Dios también lo glorificará en sí mismo, y lo hará muy pronto.

Mis queridos hijos, me queda poco tiempo para estar con ustedes. Me buscarán, y como les dije a los judíos: 'A donde yo voy, ustedes no pueden venir.'

Les doy un mandamiento nuevo: ámense los unos a los otros. Así como yo los he amado, también ustedes deben amarse los unos a los otros. De esta forma todos sabrán que son mis discípulos, si se aman los unos a los otros."

El siguiente pasaje es la descripción de Cayce de la Última Cena:

La Última Cena con el Maestro. Vean lo que comieron en la Cena. Pescado hervido, arroz

con puerro, vino y pan. Una de las jarras en la que se servía estaba rota, estaba rota la manija y también la boca.

La túnica del Maestro no era toda blanca sino también gris perla combinado con el blanco. Era un regalo que Nicodemo le había hecho al Señor.

El más buen mozo de los doce era, por supuesto, Judas; el más joven era Juan, de cara ovalada, cabello oscuro, cara suave; era el único de cabello corto. Pedro, de buena disposición, siempre con la barba muy corta, hirsuta y no del todo limpia. La barba de Andrés, por el contrario, era muy escasa, con tendencia a estar más larga de un lado y bajo el mentón y con el bigote largo sobre el labio superior. Su túnica era siempre de tono gris o negro y sus pantalones rayados, mientras que los de Bartolomé eran rojos y marrones.

El cabello del maestro es rojizo, con partes enruladas y, sin embargo, no es ni femenino, ni débil. Fuerte, con ojos azules o gris acero muy penetrantes.

Debe pesar por lo menos setenta y siete kilos. Tiene dedos largos y finos y uñas bien cuidadas, aunque tiene una uña larga en el dedo meñique izquierdo.

Alegre incluso en las horas difíciles, hace bromas también en el momento de la traición.

El saco está vacío. Judas se va.

Se reparte lo que queda del vino y del pan, con los cuales Él provee los emblemas que todos y cada uno de sus seguidores aprecian tanto. Deja su túnica, forrada de lienzo azul y blanco que está hecha de una sola pieza, a un costado. Se pone la toalla alrededor de la cintura, enrolla los pliegues y se arrodilla delante de Juan, Santiago y luego de Pedro, que se niega.

Entonces pronuncia el sermón en el que dice las siguientes palabras: "El que sea el más grande será el servidor de todos."   5749-1

La vasija se toma como si no tuviera asa y está hecha de madera. El agua es de los pepinillos o calabazas- que están en los Shiboletss[10] [arroyos o vados] de ancha desembocadura [Jueces 12:6] de la casa de Zebedeo, el padre de Juan.

Y ahora viene: "Está terminado."

Cantan el Salmo 91: " El que vive al amparo del Altísimo, reside a la sombra del Todopoderoso. Diré al Señor: Él es mi refugio y mi fortaleza, mi Dios en quien confío."

Él también es músico, porque Él usa el arpa.

El siguiente pasaje es la descripción de la Biblia de los sucesos posteriores a la Última Cena.

Y luego de cantar los himnos salieron hacia el monte de los Olivos.

---

[10] N. De la T.: Peculiaridad de pronunciación que distingue a una clase de gente en particular, los efraimitas, quienes al no poder pronunciar el sonido *sh*, eran degollados y arrojados a los vados del Río Jordán en manos de los galaaditas (Jueces 12: 4-6). *The Random Dictionary of the English Language*

Entonces, Jesús les advirtió: "Todos ustedes se van a escandalizar a causa de mí. Porque está escrito: 'Heriré al pastor y se dispersarán las ovejas del rebaño.' Pero después de que yo resucite, llegaré a Galilea antes que ustedes."

Pedro tomó la palabra y le dijo: "Aunque todos se escandalicen por tu causa, yo no me escandalizaré jamás."

Jesús le dijo: "Te aseguro que esta misma noche, antes de que cante el gallo, me habrás negado tres veces."

Pedro le contestó: "Aunque tenga que morir contigo, jamás te negaré." Y todos los discípulos dijeron lo mismo.

Y Jesús dijo a los discípulos: "No se inquieten. Crean en Dios y también crean en mí.

En la casa de mi Padre hay muchas mansiones, si no fuera así se los habría dicho. Yo voy a prepararles un lugar.

Y cuando haya ido y les haya preparado un lugar, volveré otra vez para llevarlos conmigo, para que donde Yo esté, estén ustedes también.

Y ustedes saben donde voy y también conocen el camino."

Tomás le dijo: "Señor, no sabemos a dónde vas. ¿Cómo vamos a conocer el camino?"

Jesús le dijo: "Yo soy el Camino, la Verdad y la Vida. Nadie va al Padre, sino por mí."

Si ustedes me conocieran, conocerían al Padre. Ya desde ahora lo conocen y lo han visto.

Felipe le dijo: "Señor, muéstranos al Padre y eso nos basta."

Jesús le contestó: "Felipe, hace tanto tiempo que estoy entre ustedes, ¿y todavía no me conoces? El que me ha visto, ha visto al Padre. Entonces, ¿Cómo puedes decirme: 'Muéstranos al Padre'?

¿No crees que yo estoy en el Padre, y que el Padre está en mí? Las palabras que yo digo, no son mías. El Padre, que está en mí, es el que realiza las obras.

Créanme que yo estoy en el Padre; y que el Padre está en mí. Y si no, créanme por las obras mismas.

Les aseguro que el que cree en mí hará también las obras que yo hago, y aun mayores, porque yo voy al Padre.

Y yo haré todas las cosas que ustedes pidan en mi nombre, para que sea glorificado el Padre en el Hijo.

Si ustedes piden algo en mi nombre, yo lo haré.

Si ustedes me aman, cumplirán mis mandamientos.

Y yo le pediré al Padre, y él les dará otro Paráclito[11] para que los acompañe siempre: el Espíritu de la verdad, a quien el mundo no puede recibir, porque no lo ve ni lo conoce. Pero ustedes sí lo conocen, porque él vive con ustedes y estará en ustedes.

No los dejaré huérfanos; volveré a ustedes.

Dentro de poco el mundo ya no me verá, pero ustedes sí me verán. Y así como yo vivo, también ustedes vivirán.

Aquel día ustedes comprenderán que yo estoy en

---

[11] N de la T.: Paráclito: abogado, asistente, consejero.

mi Padre, y que ustedes están en mí, y yo en ustedes.

El que me ama es aquel que hace suyos mis mandamientos y los obedece. Y mi Padre amará al que me ama, y yo también lo amaré y me manifestaré ante él."

Judas, no el Iscariote, le dijo: "¿Por qué, Señor, te nos vas a manifestar a nosotros, y no al mundo?" Jesús le contestó: "El que me ama, será fiel a mi palabra, y mi Padre lo amará, iremos a él y habitaremos en él.

El que no me ama, no es fiel a mis palabras. Y la palabra que ustedes oyen no es mía, sino del Padre, que me envió.

Les digo estas cosas mientras estoy con ustedes.

Pero el Paráclito, el Espíritu Santo, a quien el Padre enviará en mi nombre, les enseñará todas las cosas y les hará recordar todo lo que les he dicho.

Les dejo la paz; les doy mi paz; pero no como la da el mundo. Que no se angustien sus corazones, ni se acobarden.

Ya me han oído decirles: 'Me voy, y vuelvo a ustedes.' Si me amaran, se alegrarían de que voy al Padre; porque el Padre es más grande que yo.

Y les he dicho esto ahora, antes de que suceda, para que cuando suceda, crean.

Ya no hablaré más con ustedes, porque está por llegar el príncipe de este mundo. Él no tiene ningún poder sobre mí, Pero el mundo tiene que saber que amo al Padre, y obro como Él me ha ordenado que haga. '¡Levántense, vámonos de aquí!'"

"Yo soy la vid verdadera, y mi Padre es el

viñador. Él corta en mí los sarmientos que no dan fruto, pero poda toda rama que da fruto, para que dé más fruto todavía.

Ustedes ya están limpios por la palabra que les anuncié. Vivan en mí, y yo viviré en ustedes. Así como ninguna rama puede dar fruto por sí misma, si no permanece en la vid, tampoco ustedes darán fruto, si no permanecen en mí.

Yo soy la vid y ustedes son los sarmientos[12]. El que permanece en mí, y yo en él, da mucho fruto porque no pueden hacer nada separados de mí.

El hombre que no permanece en mí es como el sarmiento que se tira y se seca: los hombres recogen las ramas y las tiran al fuego, donde se queman.

Si permanecen en mí y mis palabras permanecen en ustedes, pedirán lo que quieran y se les concederá.

La gloria de mi Padre está en que den mucho fruto y sean mis discípulos.

Así como el Padre me ha amado a mí, también yo los he amado a ustedes. Permanezcan en mi amor.

Si cumplen mis mandamientos, vivirán en mi amor; así como yo cumplí los mandamientos de mi Padre, y permanezco en su amor.

Les he dicho esto para que tengan mi alegría y para que su alegría sea completa.

Este es mi mandamiento: Ámense los unos a los otros, como yo los he amado.

---

[12] N. De la T.: Sarmientos: ramas de la vid.

No hay amor más grande que el dar la vida por los amigos.

Ustedes son mis amigos si hacen lo que yo les mando.

Ya no los llamo servidores, porque el servidor ignora lo que hace su señor; los he llamado amigos, porque todo lo que le oí decir a mi Padre se los he dado a conocer a ustedes.

No me escogieron ustedes a mí, sino que yo los escogí a ustedes, y les encargué que vayan y den fruto, un fruto que perdure. Así el Padre les concederá todo lo que le pidan en mi nombre.

Estas cosas les ordeno: 'que se amen los unos a los otros.'

Si el mundo los odia, sepan que antes me odió a mí.

Si fueran del mundo, el mundo los amaría como propios; pero como ustedes no son del mundo, sino que yo los elegí del mundo, el mundo los odia.
Recuerden lo que les dije: 'Ningún servidor es más grande que su amo.' Si a mí me han perseguido, también los perseguirán a ustedes. Si han sido fieles a mi palabra, también serán fieles a la de ustedes.

Los tratarán así por causa de mi Nombre, porque no conocen al que me envió.

Si yo no hubiera venido, ni les hubiera hablado, no tendrían pecado; pero ahora no tienen disculpa por su pecado.

El que me odia a mí, también odia a mi Padre.

Si yo no hubiera hecho entre ellos las obras que ningún otro antes ha realizado, no tendrían pecado. Pero ahora las han visto, y sin embargo nos odian a mí y a mi Padre.

Esto sucede para que se cumpla lo que está escrito en la Ley: 'Me odiaron sin motivo.'

Cuando venga el Paráclito, el Espíritu de verdad que procede del Padre y que yo les enviaré de parte del Padre, dará testimonio de mí. Y ustedes también darán testimonio porque han estado conmigo desde el principio."

"Les he dicho esto para que no se ofendan. Los expulsarán de las sinagogas y llegará el día en que cualquiera que los mate pensará que de este modo estará rindiendo culto a Dios. Y les harán esto porque no nos han conocido ni al Padre ni a mí.

Les advierto esto para que cuando llegue ese día recuerden que ya les había hablado de esto. No les dije esto al principio, porque yo estaba con ustedes.

Ahora vuelvo a Aquel que me envió, pero ninguno de ustedes me pregunta: '¿Dónde vas?' Pero como les he dicho estas cosas, sus corazones se han llenado de pena.

Sin embargo, les digo la verdad: Les conviene que me vaya porque, si no me voy, el Paráclito no vendrá a ustedes; pero si me voy, se los enviaré a ustedes.

Y cuando Él venga, probará al mundo dónde está el pecado, dónde está la justicia y cuál es el juicio.

En lo referente al pecado, porque no creyeron en mí; en cuanto a la justicia, porque me voy al Padre y ya no podrán verme; y en cuanto al juicio, porque el príncipe de este mundo ya ha sido juzgado."

"Todavía tengo muchas cosas que decirles, pero por ahora no las podrían soportar. De todos modos, cuando venga el Espíritu de la verdad, Él los introducirá en toda la verdad; porque no hablará por sí mismo, sino que dirá sólo lo que oiga y les anunciará lo que ha de venir. Él me glorificará porque recibirá de lo mío y se lo anunciará a ustedes.

Todo cuanto tiene el Padre es mío. Por eso les digo que recibirá de lo mío y se lo anunciará a ustedes.

Dentro de poco ya no me verán; y poco después me volverán a ver porque yo me voy al Padre."

Algunos de sus discípulos comentaban entre sí: "¿Qué quiere decir con eso que nos dice que 'dentro de poco ya no me verán, y poco después volverán a verme', y 'porque voy al Padre'?" E insistían: "¿Qué quiere decir con eso de 'dentro de poco'? No sabemos de qué habla."

Jesús se dio cuenta de que querían preguntarle acerca de esto, y les dijo: "Se preguntan qué quieren decir mis palabras: 'Dentro de poco ya no me verán', y 'poco después me volverán a ver'? Les aseguro que ustedes llorarán y se lamentarán, pero el mundo se alegrará. Estarán tristes, pero su tristeza se convertirá en alegría.

La mujer que está por dar a luz se siente triste porque le ha llegado su hora, pero en cuanto nace el niño se olvida de su angustia por la alegría de que ha nacido un niño en el mundo.

Por lo tanto, ustedes están tristes ahora, pero Yo los volveré a ver, y cuando vuelva a verlos se alegrarán, y nadie les va a quitar esa alegría.

Y aquel día no me preguntarán nada. Les aseguro

que mi Padre les dará todo lo que le pidan en mi nombre.

Hasta ahora no han pedido nada en mi nombre. Pidan y recibirán, para que su alegría sea plena.

Les he dicho todo esto por medio de parábolas, pero viene la hora en que ya no les hablaré así, sino que les hablaré claramente del Padre.

Aquel día ustedes pedirán en mi Nombre. Y no les digo que voy a rogar por ustedes al Padre, ya que el Padre mismo los ama, porque ustedes me aman y han creído que yo vengo de Dios.

Salí del Padre y vine al mundo; ahora dejo de nuevo el mundo y vuelvo al Padre."

Sus discípulos le dijeron: "Ahora sí estás hablando claro y sin parábolas. Estamos seguros de que sabes todas las cosas, y que no necesitas que nadie te haga preguntas. Por esto creemos que saliste de Dios."

Jesús les respondió: "¿Ahora me creen?"
Miren que llega la hora, y ya ha llegado, en que ustedes se dispersarán, cada uno por su lado, y me dejarán solo. Sin embargo, no estoy solo, porque el Padre está conmigo.

Les he dicho estas cosas para que hallen paz en mí. En este mundo tendrán que enfrentar sufrimientos, pero estén de buen ánimo: Yo he vencido al mundo. Después de decir esto, Jesús levantó los ojos al cielo y dijo: "Padre, ha llegado la hora. Glorifica a tu Hijo, para que tu Hijo te glorifique a ti. Ya que, según el poder que le has dado sobre todos los hombres, Él de también vida eterna a aquellos a quienes Tú lo has entregado.

Esta es la vida eterna: que te conozcan a ti, el

único Dios verdadero, y a Jesucristo, a quien Tú has enviado.

Yo te he glorificado en la tierra. He llevado a cabo la obra que me encomendaste. Y ahora, Padre, glorifícame en tu presencia con la gloria que Yo tenía contigo antes de que el mundo existiera.

Manifesté tu nombre a los hombres que separaste del mundo para confiármelos. Eran tuyos y tú me los diste, y ellos fueron fieles a tu palabra. Ahora saben que todo lo que me has dado viene de ti, porque les he entregado las palabras que me diste, y ellos las han recibido; saben con certeza que salí de Ti, y han creído que Tú me enviaste.

Ruego por ellos. No ruego por el mundo, sino por los que me has dado, porque son tuyos.

Todo lo mío es tuyo, y todo lo tuyo es mío; y en ellos he sido glorificado.

Y ahora ya no estoy más en el mundo, pero ellos sí permanecen en el mundo; yo en cambio vuelvo a ti. Padre santo, protege a aquellos que me diste con el poder de tu nombre, para que sean uno, como nosotros.

Mientras estaba con ellos, cuidaba en tu nombre a los que me diste, y no se perdió ninguno de ellos, excepto el que debía perderse, para que se cumpliera la Escritura.

Y ahora vuelvo a ti, y digo esto mientras estoy en el mundo, para que mi gozo sea el de ellos.

Yo les entregué tu Palabra, y el mundo los ha odiado porque no son parte del mundo, como tampoco yo soy del mundo.

No te pido que los quites del mundo, sino que los protejas del Maligno.

Ellos no son del mundo, como tampoco yo soy del mundo.

Santifícalos en la verdad; tu Palabra es la verdad.

Así como tú me enviaste al mundo, yo los envío también al mundo.

Y por ellos me santifico a mí mismo, para que tam-bién ellos sean santificados por medio de la verdad.

No ruego solamente por ellos, sino también por los que, gracias a su palabra, creerán en mí.

Para que todos sean uno. Padre, así como tú estás en mí y yo en ti, que ellos también sean uno en nosotros, para que el mundo crea que Tú me enviaste.

Yo les he dado la gloria que me diste, para que sean uno, así como nosotros somos uno.

Yo en ellos y tú en mí. Para que sean perfectamente uno y el mundo reconozca que Tú me enviaste, y que Yo los he amado a ellos como Tú me has amado.

Padre, quiero que los que me has dado estén conmigo donde yo estoy para que vean la gloria que me has dado porque me amaste desde antes de la creación del mundo.

Padre justo, el mundo no te ha conocido, yo sí te conozco, y ellos reconocen que tú me enviaste.

Yo les he dado a conocer tu Nombre, y lo seguiré haciendo, para que el amor con que Tú me amaste esté en ellos, y yo también esté en ellos."

La agonía de Jesús en el jardín de Getsemaní

Luego Jesús llegó a un lugar llamado Getsemaní con sus discípulos y les dijo: "Siéntense aquí mientras Yo voy a orar."

Se llevó a Pedro, a Jacobo y a Juan, y comenzó a sentirse triste y muy deprimido.

Entonces les dijo: "Mi alma está extremadamente triste, hasta el punto de morir. Quédense aquí velando."

Yendo un poco más allá, se postró en tierra, y rogaba que, de ser posible, no tuviera que pasar por esa hora, pero que no sucediera como Él quisiera, sino como su Padre lo dispusiera.

Luego volvió con sus discípulos, y los encontró dormidos. Y le dijo a Pedro: "¿Qué? ¿No pudiste quedarte despierto ni una hora? Vigilen y oren, para no caer en tentación. El espíritu está dispuesto, pero el cuerpo es débil."

Una vez más se retiró, e hizo la misma oración.

Se fue por segunda vez y oró así: "Padre, si esta copa no puede pasar sin que tome de ella, que se haga tu voluntad."

Cuando volvió, los encontró dormidos otra vez, porque se les cerraban los ojos de sueño. Se fue nuevamente, y oró por tercera vez, diciendo las mismas palabras.

Al volver les dijo: "Ahora pueden dormir y descansar. Basta ya. Ya llegó la hora en que el Hijo del Hombre va a ser entregado en manos de pecadores. ¡Levántense! ¡Vámonos! ¡Ahí viene el que me va traicionar!"

Y mientras Jesús estaba hablando, llegó Judas. Lo acompañaba una multitud con espadas y palos, enviada por los Sumos Sacerdotes y por los ancianos.

El traidor les había dado esta contraseña: "Aquel al que le dé un beso, ese es. Deténganlo y llévenselo bien custodiado." Y Judas se acercó a Jesús y dijo: "Maestro", y lo besó.

Jesús le dijo: "Amigo, ¿por qué has venido?" Entonces los hombres arrestaron a Jesús.

Y Pedro estiró la mano y desenfundó su espada e hirió al siervo del Sumo Sacerdote, cortándole la oreja.

Entonces Jesús le dijo: "Guarda tu espada porque todos los que empuñan la espada por la espada mueren. ¿Creen que no puedo pedirle a mi Padre y que Él me dará rápidamente más de doce legiones de ángeles? Pero entonces, ¿cómo se cumplirán las Escrituras? Así debe ser."

A esa misma hora, Jesús les dijo a las multitudes: "¿Han venido a buscarme con espadas y palos para arrestarme como si fuera un ladrón? Todos los días me sentaba a enseñarles en el templo y no me arrestaron."

Pero esto sucedió para que se cumplieran las Escrituras de los profetas. Entonces todos lo abandonaron y huyeron.

Jesús es llevado ante Caifás

Llevaron a Jesús ante Caifás, el Sumo Sacerdote, y se reunieron allí los Sumos Sacerdotes, los ancianos y los escribas.

Pedro lo siguió de lejos hasta el interior del palacio del Sumo Sacerdote. Entró y se sentó con los guardias, para quedarse hasta el final.

Los Sumos Sacerdotes, los ancianos y el Sanedrín[13] buscaban testimonios falsos contra Jesús, para poder condenarlo a muerte. Pero no los encontraban, porque se presentaron muchos con falsas acusaciones contra él, pero sus declaraciones no coincidían. Al final, llegaron dos testigos falsos.

Y dijeron: "Este hombre dijo: 'Puedo destruir este templo de Dios y construir uno nuevo en tres días.'"

Y el Sumo Sacerdote se puso de pie e interrogó a Jesús: "¿No respondes nada? ¿Qué significan estos testimonios en tu contra?"

Pero Jesús se quedó callado y no contestó nada. El Sumo Sacerdote le dijo: "Te ordeno que nos digas en nombre de Dios si eres el Cristo, el Hijo de Dios."

Jesús le dijo: "Tú lo has dicho. Sin embargo, les digo que de aquí en adelante ustedes verán al Hijo del Hombre sentado a la derecha del Todopoderoso, y lo verán venir de entre las nubes del cielo."

Entonces el Sumo Sacerdote rasgó sus vestiduras y exclamó: "¡Ustedes han oído la blasfemia! ¿Para qué necesitamos más testigos? Ahora acaban de oír la blasfemia.¿Qué piensan?" Ellos le respondieron: "Es culpable. Merece pena de muerte."

---

[13] N. De la T.: Sanedrín: Consejo supremo de los judíos.

Algunos comenzaron a escupirlo y empujarlo, le vendaron los ojos y lo golpeaban con las palmas de sus manos, diciéndole "¡Profetiza! ¡Adivina quién te golpeó, Cristo!"

Mientras Pedro estaba abajo en el patio, pasó una de las criadas del Sumo Sacerdote y le dijo: "Tú también estabas con Jesús de Galilea."

Pero él lo negó diciendo: "No sé de qué estás hablando."

Y al salir, estaba en la entrada cuando lo vio otra criada y les dijo de nuevo a los presentes: "Éste también estaba con Jesús de Nazaret."

Él lo volvió a negar y dijo bajo juramento: "No lo conozco."

Un momento después, los que estaban allí le dijeron: "Seguro que tú eres uno de ellos, porque tu forma de hablar te delata."

Él comenzó a jurar y a maldecir, y dijo: "¡No conozco a ese hombre!" Inmediatamente, el gallo cantó.

Pedro recordó las palabras que Jesús le había dicho: "Antes de que cante el gallo, me negarás tres veces." Se fue afuera y se puso a llorar.

* * *

Cuando amaneció, los Sumos Sacerdotes y los ancianos del pueblo se reunieron, y tomaron la decisión de condenar a muerte a Jesús. Lo ataron, se lo llevaron y se lo entregaron a Poncio Pilato, el gobernador romano.

Judas, que lo había traicionado, vio que habían condenado a Jesús, se arrepintió y devolvió las treinta monedas de plata a los Sumos Sacerdotes y a los ancianos, diciendo: "He pecado, porque he entregado sangre inocente." Y ellos respondieron: "¿Y a nosotros qué nos importa? Es asunto tuyo."

Entonces Judas arrojó las monedas de plata en el Templo y salió. Luego fue y se ahorcó.

Los Sumos Sacerdotes recogieron las monedas y dijeron: "La ley no permite echar esto al tesoro porque es precio de sangre." Después de deliberar decidieron comprar con él un campo llamado 'del Alfarero', para sepultar a los extranjeros. Por eso se lo ha llamado 'Campo de Sangre' hasta el día de hoy.

Así se cumplió lo anunciado por el profeta Jeremías: "Tomaron las treinta monedas de plata, el precio que algunos de los hijos de Israel le habían puesto a Él y con ellas compraron el 'campo del alfarero', como el Señor me lo había ordenado."

Jesús ante Poncio Pilato

Y la multitud entera llevó a Jesús ante Pilato, y comenzaron a acusarlo, diciendo: "Encontramos a este hombre incitando a nuestro pueblo a la rebelión: les impedía pagar el tributo al Cesar, alegando que Él mismo era Cristo, el Rey Pilato le preguntó: "¿Eres tú el rey de los judíos?"; y Jesús le respondió: "Tú lo has dicho."

Pilato dijo a los Sumos Sacerdotes y a la multitud: "No encuentro en este hombre ningún motivo de condena."

Pero ellos insistían: "Subleva al pueblo con su

enseñanza en toda Judea. Comenzó en Galilea, y ha llegado hasta aquí."

Cuando Pilato oyó 'Galilea', le preguntó si era galileo.

Y en cuanto se aseguró de que pertencía a la jurisdicción de Herodes, se lo envió. En esos días, también Herodes se encontraba en Jerusalén. Cuando Herodes vio a Jesús se alegró mucho. Hacía tiempo que deseaba verlo, por lo que había oído decir de Él, y esperaba que hiciera algún milagro en su presencia. Le hizo muchas preguntas pero Jesús no le respondió nada.

Los Sumos Sacerdotes y los escribas estaban allí, y lo acusaban con vehemencia.

Herodes y sus guardias lo trataron con desprecio, lo pusieron en ridículo y lo cubrieron con un magnífico manto y lo enviaron de nuevo a Pilato.

Y ese mismo día, Herodes y Pilato, que habían estado enemistados, se hicieron amigos.

Y cuando Pilato hubo llamado a los sumos sacerdotes y a los jefes y al Pueblo, les dijo: "Me han traído a este hombre, acusándolo de incitar al pueblo a la rebelión, pero yo lo interrogué delante de ustedes y no encontré ningún motivo de condena en los cargos de que lo acusan. Tampoco Herodes, ya que él lo ha devuelto a este tribunal. No ha hecho nada que merezca la muerte.

Después de darle un escarmiento, lo dejaré en libertad."

(Porque debía liberar un prisionero para la fiesta necesariamente).

Y todos comenzaron a gritar: "¡Que muera este hombre! ¡Suéltanos a Barrabás!" A Barrabás lo habían encarcelado por sedición y homicidio.

Pilato volvió a dirigirles la palabra con la intención de poner en libertad a Jesús.

Pero ellos seguían gritando: "¡Crucifícalo! ¡Crucifícalo!"

Por tercera vez les dijo: ¿Qué mal ha hecho este hombre? No encuentro en Él nada que merezca la muerte. Le voy a dar un escarmiento, y lo dejaré en libertad.

Ellos insistían a gritos, reclamando que fuera crucificado. Finalmente, se cumplió su voluntad.

Cuando Pilato vio que lo único que podía ganar era una rebelión, pidió agua y se lavó las manos delante de la gente, diciendo: "Soy inocente de la sangre de este hombre. ¡Allá ustedes!" Entonces, la gente le respondió: "¡Que su sangre caiga sobre nosotros y sobre nuestros hijos!"

Entonces les soltó a Barrabás; pero a Jesús lo mandó azotar, y lo entregó para que lo crucificaran.

La crucifixión de Jesús

Los soldados del gobernador llevaron a Jesús al pretorio y reunieron a todos los soldados alrededor de él.

Le arrancaron la ropa y le pusieron un manto de color escarlata.

Luego hicieron una corona de espinas y se la colocaron en la cabeza, y en la mano derecha le pusieron una caña. Doblando las rodillas delante de Él, se burlaban diciendo: "¡Salve, Rey de los judíos!" Y lo escupían, y con la caña lo golpeaban en la cabeza. Después de burlarse de él, le quitaron el manto, le pusieron su propia ropa y lo llevaron a crucificar.

Al salir, encontraron a un hombre de Cirene que se llamaba Simón, y lo obligaron a llevar la cruz para que la llevara después de Jesús. Y lo seguía mucha gente, mujeres que gemían y se lamentaban por Él. También había otros dos criminales que iban junto a Él para morir.

Llegaron a un lugar llamado Gólgota, que significa "Lugar de la Calavera", donde lo crucificaron junto con los otros dos, uno a cada lado de Jesús.

Y Jesús dijo: "Padre, perdónalos, no saben lo que hacen."

Pilato redactó una inscripción que decía: "Jesús el Nazareno, Rey de los judíos", y la hizo poner sobre la cruz.

Muchos judíos leyeron esta inscripción, porque el lugar donde fue crucificado quedaba cerca de la ciudad, y la inscripción estaba escrita en hebreo, griego y latín. Entonces, los Sumos Sacerdotes de los judíos le dijeron a Pilato: "No escribas: 'El Rey de los judíos' sino: 'Este ha dicho: 'Yo soy el Rey de los judíos.'" Pero Pilato respondió: " Lo escrito, escrito está."

Uno de los malhechores crucificados insultaba a Cristo, diciendo: "Si eres el Cristo, sálvate a ti mismo y a nosotros."

Pero el otro increpaba a este criminal, diciéndole: "¿No tienes temor de Dios, tú que sufres la misma pena que él? Nosotros la sufrimos justamente porque pagamos nuestras culpas, pero Él no ha hecho nada malo."

Y decía: "Jesús, acuérdate de mí cuando vengas a establecer tu Reino."

Él le respondió: "Yo te aseguro que hoy estarás conmigo en el paraíso."

Después que los soldados crucificaron a Jesús, tomaron sus vestiduras y las dividieron en cuatro partes, una para cada uno. Tomaron también su túnica que no tenía costura, porque estaba hecha de una sola pieza de arriba hacia abajo. Se dijeron entre sí: "No la rompamos. Vamos a sortearla, para ver a quién le toca." Así se cumplió la Escritura que decía: "Se repartieron mis vestiduras y sortearon mi túnica." Esto fue lo que hicieron los soldados.

Junto a la cruz de Jesús estaba su madre y la hermana de su madre, María, la mujer de Cleofás, y María Magdalena.

Cuando Jesús vio a su madre, y cerca de ella al discípulo a quien Él amaba, le dijo: "¡Mujer, aquí tienes a tu hijo!" Luego, dijo al discípulo: "¡Aquí tienes a tu madre!". Y desde aquel momento, el discípulo se la llevó a su casa.

Al mediodía, a la hora sexta, se oscureció toda la tierra hasta la hora novena, y a esa hora Jesús exclamó en voz alta. "Dios mío, Dios mío, ¿por qué me has abandonado?"

Después de esto, y sabiendo que se había hecho lo necesario para que se cumpliera la Escritura, dijo: "Tengo sed."

Allí había una vasija con vinagre, entonces uno de ellos corrió en busca de una esponja la puso en una caña y se la acercó a la boca.

Después de beber el vinagre, dijo Jesús: " Todo se ha cumplido" E inclinando la cabeza, entregó su espíritu.

Y el velo del santuario del templo se rasgó en dos, de arriba abajo y la tierra tembló y se partieron las rocas.

Se abrieron los sepulcros, y muchos de los cuerpos de los santos que habían muerto resucitaron. Salieron de los sepulcros y, después de la resurrección de Jesús, entraron en la ciudad santa y se aparecieron ante muchos.

Cuando el centurión y los que con él estaban custodiando a Jesús vieron el terremoto y todo lo que había sucedido, tuvieron mucho miedo y exclamaron: "¡Verdaderamente, éste era el Hijo de Dios!"

* * *

Era el día de la Preparación de la Pascua. Los judíos pidieron a Pilato que hiciera quebrar las piernas de los crucificados, para que los cuerpos no se quedaran en la cruz en el Día del Sabbath[14], porque ese era un día muy importante.

Los soldados fueron y quebraron las piernas de los dos que habían sido crucificados con Jesús. Cuando llegaron a Él, al ver que ya estaba muerto, no le quebraron las piernas. Pero uno de los soldados le atravesó el costado con la lanza, y en seguida brotó sangre y agua.

---

[14] N. de la T.: Día del Sabbath: Sábado, día sagrado en la tradición judía.

Esto sucedió para que se cumpliera la Escritura que dice: "Verán al que ellos mismos traspasaron."

Jesús es sepultado

Al atardecer, llegó un hombre rico de Arimatea, llamado José, que también era discípulo de Jesús. Se presentó ante Pilato para pedirle el cuerpo de Jesús, y Pilato ordenó que se lo dieran.

Cuando José tomó el cuerpo, lo envolvió en una sábana limpia. También vino Nicodemo y trajo una mezcla de mirra y aloe que pesaba alrededor de cuarenta y cinco kilogramos. Tomaron el cuerpo de Jesús y lo envolvieron en telas de lino con las especias, como es la costumbre judía para los entierros.

Y lo pusieron en un sepulcro nuevo de su propiedad que había cavado en la roca. Luego hicieron rodar una piedra grande a la entrada del sepulcro, y se fueron. Allí estaban sentadas frente al sepulcro María Magdalena y la otra María.

Al día siguiente, después del día de la preparación, los Sumos Sacerdotes y los fariseos se presentaron ante Pilato. Le dijeron: "Señor, nosotros recordamos que mientras ese engañador aún vivía, dijo: 'A los tres días, resucitaré.' Por eso, ordene usted que se selle el sepulcro hasta el tercer día, no sea que vengan sus discípulos, se roben el cuerpo y le digan a la gente: 'Ha resucitado de entre los muertos.' Ese último error va a ser peor que el primero."

Pilato les dijo: "Les doy una guardia de soldados y aseguren el sepulcro lo mejor que puedan."

Así que ellos fueron, aseguraron el sepulcro con una piedra, y la sellaron, y dejaron una guardia.

La resurrección de Jesús

Pasado el día sábado, al amanecer el primer día de la semana, María Magdalena y la otra María fueron a ver el sepulcro.

De pronto hubo un terremoto violento, porque un Ángel del Señor bajó del cielo y, acercándose al sepulcro, quitó la piedra y se sentó sobre ella. Su aspecto era como el de un relámpago, y su ropa era blanca como la nieve.

Los guardias tuvieron tanto miedo de él que se pu-sieron a temblar y quedaron como muertos.

El ángel dijo a las mujeres: "No tengan miedo; sé que ustedes buscan a Jesús, el que fue crucificado. No está aquí, pues ha resucitado, tal como dijo. Vengan a ver el lugar donde estaba. Luego vayan pronto a decirles a sus discípulos: 'Él se ha levantado de entre los muertos y va delante de ustedes a Galilea. Allí lo verán.'"

Así que las mujeres se alejaron a toda prisa del sepulcro, con miedo y gran alegría, y corrieron a dar la noticia a los discípulos.

María Magdalena se había quedado afuera llorando junto al sepulcro.

Mientras lloraba, se asomó al sepulcro y vio a dos ángeles vestidos de blanco sentados uno a la cabecera y otro a los pies del lugar donde había sido puesto el cuerpo de Jesús.

Ellos le dijeron: "Mujer, ¿por qué lloras?" María les dijo: " Porque se han llevado a mi Señor y no sé dónde lo han puesto." Al decir esto, se dio vuelta y vio a Jesús que estaba allí, pero no lo reconoció.

Jesús le preguntó: " Mujer, ¿por qué lloras? ¿A quién buscas? Ella, pensando que era el cuidador de la huerta, le respondió: "Señor, si tú lo has llevado, dime dónde lo has puesto y yo iré a buscarlo."

Jesús le dijo: "María." Ella se dio vuelta y le dijo: "¡Maestro!"

Jesús le dijo: "No me toques porque todavía no he ascendido al Padre. Ve a decir a mis hermanos: 'Subo a mi Padre, el Padre de ustedes y a mi Dios, el Dios de ustedes.'"

María Magdalena fue a anunciar a los discípulos que había visto al Señor y que Él le había dicho estas palabras.

Cayce nos dice que si María hubiera tocado a Jesús en ese momento, hubiera sido como agarrar un cable de electricidad de alta tensión.

La caminata a Emaús

Aquel mismo día dos de los discípulos se dirigían a un pueblo llamado Emaús, alrededor de once kilómetros distante de Jerusalén. Y hablaban sobre todo lo que había sucedido.

Mientras conversaban y discutían, Jesús se acercó a caminar con ellos. Pero no lo reconocieron.

Y Él les preguntó: "¿Qué vienen discutiendo por el camino que los hace poner tan tristes?"

Y uno de ellos, llamado Cleofas, le dijo: "¿Eres

extranjero en Jerusalén y no sabes lo que ha pasado en estos días?"

Les dijo: "¿Qué es lo que ha pasado?" "Lo referente a Jesús de Nazaret. Era un profeta, poderoso en obras y en palabras delante de Dios y de todo el pueblo. Los Sumos Sacerdotes y nuestros gobernantes lo en-tregaron para ser condenado a muerte, y lo crucificaron.

Nosotros teníamos la esperanza de que él redimiría a Israel. Además, hoy es el tercer día desde que sucedieron estas cosas.

También algunas mujeres de nuestro grupo nos dejaron asombrados, porque esta mañana, muy temprano, fueron al sepulcro pero no hallaron su cuerpo. Cuando volvieron, nos contaron que habían tenido una visión de unos ángeles que les dijeron que él estaba vivo.

Algunos de los que estaban con nosotros fueron al sepulcro y lo encontraron vacío, tal como habían dicho las mujeres.

Entonces Él les dijo: "¡Qué tontos y lentos de corazón son para creer todo lo que dijeron los profetas! ¿No era necesario que Cristo padeciera estas cosas antes de entrar en su gloria?"

Y comenzando por Moisés y todos los profetas, les explicó lo que se refería a Él en todas las Escrituras.

Al acercarse al pueblo adonde iban, Jesús hizo ademán de seguir adelante.

Pero ellos le insistieron: "Quédate con nosotros, que está atardeciendo y el día se acaba." Él entró y se quedó con ellos.

Sentado a la mesa con ellos, tomó el pan, lo

bendijo, lo partió y se l... abrieron los ojos y lo reco... desapareció de sus vistas.

Se decían unos a otros: "¿No ardía n... corazón mientras conversaba con nosotros en el camino y nos explicaba las Escrituras?"

Ese mismo día, al atardecer, los discípulos estaban reunidos y las puertas estaban cerradas por temor a los judíos. Jesús vino y se puso de pie en medio de ellos y les dijo: "Que la paz sea con ustedes." Y diciendo esto, les mostró sus manos y su costado. Entonces los discípulos se pusieron contentos de ver al Señor.

Jesús les dijo nuevamente: "Que la paz sea con ustedes. Como mi Padre me envió, Yo también los envío."

Y cuando hubo dicho esto, sopló sobre ellos y les dijo: "Reciban al Espíritu Santo."

"A quienes perdonen sus pecados, les quedarán perdonados; a quienes se los retengan, les quedarán retenidos."

Y mientras estaban aún entre la duda y la sorpresa, les dijo: "¿Tienen algo de comer?" Le dieron un pedazo de pescado asado y bresca.[15] Lo tomó y se lo comió delante de ellos.

---

[15] N. De la T.: Bresca: trozo del panal de miel que se comía como si fuera un caramelo

La duda de Tomás

Tomás, uno de los doce, al que apodaban el Gemelo, no estaba con los discípulos cuando llegó Jesús.

Así que los otros discípulos le dijeron: "¡Hemos visto al Señor!" Pero Tomás les dijo: "Si no veo en sus manos la marca de los clavos, y no hundo mi dedo en el agujero de sus clavos y no meto mi mano en su costado, no lo creeré."

Ocho días más tarde estaban los discípulos de nuevo adentro de la casa, y Tomás estaba con ellos. Jesús entró aunque las puertas estaban cerradas, y poniéndose de pie entre ellos, les dijo: "¡Que la paz esté con ustedes!"

Luego le dijo a Tomás: "Pon tu dedo aquí y mira mis manos. Acerca tu mano y métela en mi costado. Y no seas incrédulo, sino creyente."

Tomás le respondió: "¡Señor mío y Dios mío!"

Jesús replicó: "Tomás, porque me has visto, has creído. Dichosos los que no han visto y sin embargo creen."

Después de esto, Jesús se apareció nuevamente a sus discípulos junto al mar de Tiberíades. Se manifestó de esta manera:

Estaban juntos Simón Pedro, Tomás, el Gemelo, Natanael, el de Caná de Galilea, los hijos de Zebedeo, y otros dos discípulos.

Simón Pedro dijo: "Me voy a pescar". Ellos le dijeron "Vamos contigo." Salieron y subieron a la barca inmediatamente, pero esa noche no pescaron nada.

Al amanecer, Jesús estaba en la orilla, pero los discípulos no se dieron cuenta de que era Él.

Jesús les preguntó: "Muchachos, ¿no tienen algo de comer? Ellos dijeron: "No." Él les recomendó: "Tiren la red a la derecha de la barca, y pescarán algo." Así lo hicieron, y era tal la cantidad de pescados que ya no podían levantar la red. Entonces Juan, el discípulo a quien Jesús amaba, le dijo a Pedro: "¡Es el Señor!" Cuando Simón Pedro le oyó decir: "Es el Señor", se puso el saco, porque estaba desnudo, y se tiró al agua.

Los otros discípulos vinieron en una barca, porque no estaban lejos de la orilla, arrastrando la red llena de pescados. Cuando desembarcaron, vieron un pescado encima, y pan.

Jesús les dijo: "Traigan algunos de los pescados que acaban de sacar."

Simón Pedro subió a la barca y arrastró hasta la orilla la red que estaba llena de pescados de buen tamaño. Eran ciento cincuenta y tres, pero a pesar de ser tantos la red no se rompió.

Jesús les dijo: "Vengan a comer" Y ninguno de los discípulos se atrevía a preguntarle: "¿Quién eres?", porque sabían que era el Señor.

Jesús se acercó, tomó el pan y se lo dio a ellos, e hizo lo mismo con el pescado.

Esta fue la tercera vez que Jesús se apareció a sus discípulos después de haber resucitado.

Cuando terminaron de desayunar, Jesús le preguntó a Simón Pedro: "Simón, hijo de Juan, ¿me amas más que estos?" Pedro le dijo: "Sí, Señor, Tú sabes que te quiero." Él le dijo:

"Apacienta mis corderos."

Y volvió a preguntarle por segunda vez: "Simón, hijo de Juan, ¿me amas?" Pedro le dijo nuevamente: "Sí, Señor, Tú sabes todas las cosas, Tú sabes que te quiero. Jesús le dijo: "Alimenta mis ovejas."

Por tercera vez, Jesús le preguntó: "Simón, hijo de Juan, ¿me quieres?" Pedro se entristeció de que por tercera vez Jesús preguntara: "¿Me quieres?" Y le dijo: "Señor, Tú lo sabes todo; tú sabes que te quiero." Jesús le dijo: "Apacienta mis ovejas. Te digo que cuando eras más joven te vestías tú mismo e ibas a donde querías; pero cuando seas viejo, extenderás las manos y otro te vestirá y te llevará a donde no quieras ir."

Jesús dijo esto para dar a entender la clase de muerte con que Pedro glorificaría a Dios. Después de esto, le dijo a Pedro: "¡Sígueme!"

Al volverse, Pedro vio que los seguía el discípulo a quien Jesús amaba, aquel que había dicho: "Señor, ¿quién es el que te va a traicionar?"
Al verlo, Pedro le dijo a Jesús: "Señor, ¿y qué será de este? Jesús replicó: "Si quiero que él permanezca vivo hasta que yo vuelva, ¿qué te importa? Tú sígueme.

Entonces se divulgó entre los hermanos el rumor de que aquel discípulo no moriría; pero Jesús no había dicho que no moriría, sino solamente: "Si quiero que él permanezca vivo hasta que yo vuelva, ¿a ti qué te importa?"

Opinión de Cayce sobre la Resurrección

Cayce explica la naturaleza y significado de la Resurrección en las siguientes lecturas:

Pregunta. ¿Es la transmutación de carne humana en carne divina el misterio real de la Crucifixión y Resurrección? Explique este misterio.
Respuesta: La transmutación del cuerpo de Cristo no es un misterio. Habiendo logrado la unicidad con el Padre-Madre-Dios en la conciencia física, la integridad fue tal que al desintegrarse el cuerpo (como lo indica la forma en que quedaron la mortaja, la túnica y la sabanilla) existía entonces el fenómeno de que el cuerpo tomara una forma física. Esta fue la forma. No era transmutación, si por transmutación se entiende el cambiar de una forma a otra.

Así como se indica, el cuerpo físico entró en la Habitación de Arriba, estando las puertas cerradas, sin ser parte de la madera a través de la cual pasó el cuerpo sino que formándose de las ondas de éter que estaban dentro de la habitación, causadas por un encuentro preparado por la fe. Porque como ha sido dicho: "Espera en Jerusalén, en la habitación de arriba, hasta que recibas poder desde allá arriba." Como lo indican las palabras pronunciadas a María en el jardín: "No me toques, porque aún no he ascendido a mi

Padre." El cuerpo que se formó para ser visto por el ojo normal o carnal de María era de tal naturaleza que no podía ser tocado hasta que hubiera habido una unión consciente con el origen de todo poder, de toda fuerza.

Pero luego, cuando ya había ocurrido el primero, el segundo, tercero, cuarto y aún un sexto encuentro, Él entonces dijo: "Extiende tu mano y toca las marcas de los clavos en mis manos, en mis pies. Pon tu mano en mi costado y *cree*." Esto indicaba la transformación.

Porque, como ya ha sido indicado, cuando el alma abandona un cuerpo (esto no es válido para el Cristo, por supuesto) esta alma tiene toda la forma del cuerpo del cual proviene; sin embargo, no es visible para la mente carnal, a menos que esa mente haya estado, y esté aún, en sintonía con el infinito. Luego aparece en el infinito, como algo que puede ser tomado con las manos, con todos los atributos del ser físico; con apetitos, hasta que estos se hayan armonizado con una unidad de actividad con la conciencia universal.

Así fue con el cuerpo de Cristo: "Muchachos, ¿tienen algo de comer?" Esto les indicaba a los discípulos y Apóstoles presentes que esta no era una transmutación, sino una regeneración, una recreación de los átomos y células del cuerpo que podrían, a través del deseo, masticar las cosas materiales. Se le dio pescado y miel (en la bresca o panal de miel).

Como se indicó más tarde, cuando estaba de pie junto al mar, y los discípulos y Apóstoles que lo veían a la distancia no podían, discernir a la mañana temprano, sino hasta que Él habló, la voz hizo tal impresión en la mente del discípulo amado que dijo: "¡Es el Señor!" El cuerpo había preparado el fuego en la tierra: fuego, agua, los elementos de la creación. Porque el espíritu es el principio, el agua combinada de elementos es la madre de la creación. No la transmutación de la carne, sino la creación en la estructura indicada.

Así como existen diversos reinos en el sistema solar, en los cuales cada entidad puede encontrarse a sí misma cuando no está en el cuerpo; en esos reinos dicha entidad no toma una forma igual a la de la tierra, sino una estructura, que se conforma de acuerdo con los elementos dimensionales de ese planeta o espacio individual.   2533-8

La lectura siguiente nos da una perspectiva más profunda de la resurrección:

Sra. Cayce: Estamos llegando a la Pascua, y nuestros pensamientos van naturalmente a los relatos bíblicos de la Resurrección de Jesús, el Cristo. En este momento, y por medio de este canal de información, buscamos completar un informe histórico o una interpretación y explicación del significado completo de la resurrección que nos ayude a comprenderla y apreciarla mejor.

Sr. Cayce: Sí. Si buscas, encontrarás. En la experiencia de cada alma que ha pronunciado el nombre de Cristo, esta debería ser una nueva dedicación del ser como verdadero mensajero Suyo en y entre los hombres.

Al buscar saber más de este tema, a los aquí presentes se les revelará mucho, especialmente a aquellos que en su ser interior experimentaron ese período material en el que *Él,* Jesús, caminaba sobre la tierra.

Pero, ¿cuál es el propósito de observar este período, este período que causó o que requirió un sacrificio tal para que la vida pudiera manifestarse? No es apropiado para los que están aquí. Para los de aquella tierra, en ese período en especial cuando la vida, en una de sus manifestaciones, se demostraba en las cosas materiales para cada alma.

¿Cómo y por qué existía la necesidad de que hubiera una resurrección? ¿Por qué vino Él a la tierra para morir la muerte, inclusive en la cruz? ¿Fue, entonces, para que se cumpliera la promesa, para que se cumpliera la ley, para que se cumpliera el estadio del hombre? Y si no es así, ¿por qué se puso una piel y vino a la tierra en forma de hombre, sino para ser uno con el Padre; para mostrarle al hombre *su* divinidad, la divinidad del hombre, la relación del hombre con el reador; para mostrar que verdaderamente el Padre decía la verdad cuando decía: "Si me llaman, oiré. Aún si están muy lejos, aunque estén cubiertos de pecado, si se lavan con la sangre del cordero, podrán volver."

Entonces, a pesar de que Él fuera el primero entre los hombres, el primero de los Hijos de

Dios en espíritu y carne, era necesario que Él cumpliera con todas esas asociaciones, esas conexiones que eliminarían de la experiencia del hombre aquello que lo separa de su creador.

A pesar de que el hombre estuviera muy lejos, a pesar de que quizás se hubiera equivocado, se establece lo que lo lleva a caminar con Él, cada vez más cerca; a través de Aquél que experimentó todas esas perturbaciones, luchas y deseos que pueden ser los del hombre en la tierra. Aún así, Él habitó la carne, se hizo a Sí mismo de la nada, como había sido anunciado desde siempre a aquellos que caminaban y hablaban con Dios.

En la historia de la Resurrección, como ya se ha indicado en parte, se puede interpretar que aquellos aquí, ahora, que experimentaron su sufrimiento (a través de aquel período de su advenimiento), pueden ver esos días, como Andrés, Marta, Noemí, Loda, Eloy, Fénix y Phoebe.advenimiento), pueden ver esos días, como Andrés, Marta, Noemí, Loda, Eloy, Fénix y Phoebe.advenimiento), pueden ver esos días, como Andrés, Marta, Noemí, Loda, Eloy, Fénix y Phoebe[16].

Y luego, cuando Él estaba colgado en la Cruz, llamó a aquellos que amaba, y no sólo recordó sus propósitos espirituales, sino también sus vidas materiales. Porque Él, verdaderamente, al

---

[16] N. De la T.: Estos nombres corresponden a los siguientes nombres: Andrew, Naomi, Loda, Elois, Phoenix, Phoebe.

sufrir la muerte en la Cruz se convirtió en todo el camino; *el* camino, *la* vida, *la* comprensión, de que aquellos que creemos en Él podremos lograr la vida eterna. Porque Él se comprometió con sus hermanos a cuidar no sólo de la vida espiritual del mundo, sino de la vida material de aquellos que fueran de su propia carne, su propia sangre. Sí, cuando Él entregó su sangre física para eliminar la duda y el miedo, Él venció a la muerte, no sólo en el cuerpo físico, sino en el cuerpo *espiritual*, para que pueda ser *uno* con Él, como en la mañana de la resurrección, que llamamos Tiempo Pascual.

Es ese resurgir del sepulcro, como se ejemplifica en la yema de un árbol, en la naturaleza misma que surge del sueño para poder elevarse como Él con el poder curativo en su vida misma, para llevar todas las fases de la experiencia del hombre a su Conciencia. Ese es, verdaderamente, el cumpli-miento de la ley.

¿En qué sentido sucedió esto en lo material? Él no solamente estaba muerto en cuerpo, sino que el alma estaba separada de ese cuerpo. A medida que las fases del hombre se manifiestan en la tierra, el cuerpo físico, el cuerpo mental, el cuerpo del alma se vuelven interdependientes de su propia experiencia. ¿Es sorprendente que el hombre gritara: "Mi Dios, mi Dios, por qué me has olvidado"?

Cada alma llega a ponerse de pie, como Él, delante del trono de su Creador, con los actos hechos en cuerpo y mente para presentar el cuerpo espiritual ante ese trono de misericordia, ante ese trono del Creador, de Dios. Sin embargo, como Él, el Padre les ha dicho a cada uno de ustedes: "Los he encargado a mis ángeles, y ellos los sostendrán, y no conocerán la corrupción."

Él demostró esto en la experiencia de tu Hermano, tu Salvador, tu Jesús, tu Cristo, para que desee venir a vivir en los corazones y vidas de todos ustedes, si sólo lo dejan, si lo invitan, si abren su corazón, cada uno de ustedes, para que Él pueda entrar a vivir en ustedes.

Así, cuando sus muy amados y sus hermanos vinieron en aquella feliz mañana en que llegaron las noticias, aquellos que hacían guardia oyeron un ruido aterrador y vieron una luz, y gritaron: "¡La piedra ha sido movida!" Entonces, entraron en el jardín, y allí María vio a su Señor que había *ascendido*. Luego, llegaron algunos de sus hermanos con las fieles mujeres, aquellas que amaban a Su madre, aquellas que eran sus compañeras de penas, las que estaban haciendo los preparativos para que se observara la ley para que allí no hubiera profanación del terreno de Su sepulcro. Ellos también, Sus amigos, Sus muy amados, Sus hermanos vieron los ángeles.

¿Cómo y por qué tomaron forma? Para que se implantara en sus corazones y almas el *cumplimiento* de aquellas promesas.

¿Qué los separa de ver la Gloria, también en Él que camina contigo a menudo en el contacto con una mano, que te ama, en la voz de aquellos que te reconfortan y dan alegría? Porque Él, tu

Cristo, está siempre contigo.

¡Duda, miedo, falta de fe, miedo de no ser merecedores!

¡Abre tus ojos y mira la Gloria, aún de Cristo aquí presente, ahora, en tu centro! Así como Él se les apareció a ellos aquel día.

¿Qué hubiera significado la historia de Cristo, de su resurrección, la historia de Jesús, el hombre que caminaba por Galilea, sin aquella mañana de la resurrección?

Poco, más que la de aquel hombre del que pensaban tan poco, a pesar de que su cuerpo físico tocó los huesos de Elías, caminó nuevamente entre los hombres.

¿Creen que ha ascendido? ¿Qué dijo Tomás? "Hasta que no vea, hasta que no haya puesto mi mano en su costado donde haya visto salir agua y sangre a borbotones, hasta que no haya tocado su cuerpo, no creeré."

Sin embargo, dudas a menudo; sin embargo, también tienes miedo. Aún así, Él seguramente está contigo. Y cuando tú, en esta época feliz, dedicas tu vida, tu cuerpo, tu mente nuevamente a Su servicio, tú también puedes saber, como ellos, que Él vive, y que está a la derecha de Dios para interceder por *ti*. Si quisieras creer, si quisieras creer que Él es, podrías tener la experiencia. Porque todos los que han dicho su nombre, los que hacen a sus hermanos acciones que les traen (a ti) ese acercamiento, esa unicidad de propósito con Él, pueden saber, y tú también, en cuerpo y mente, que Él *vive hoy*, y que vendrá y te recibirá en sí mismo, y que

donde Él está, puedes estar tú.
Pero si tú te vistes de Él, debes reclamar sus promesas como propias. Y ¿cómo puedes reclamarlas a menos que en tu propio conocimiento, en tu propia conciencia, las hayas hecho, y las hagas día tras día, y que lo que tu corazón te ha dicho y te dice esté de acuerdo con lo que Él ha prometido?
Porque, ¡tu Cristo, tu Señor, tu Jesús, está muy cerca de ti, ahora mismo! 5749-6

La Ascensión

Después de aparecérseles y de estar con los discípulos durante cuarenta días, Jesús reunió a quinientos de Sus seguidores en el Monte de los Olivos para su Ascensión.

Entonces cuando se habían reunido, le preguntaron, diciendo: "Señor, ¿Ahora vas a devolver el reino a Israel?"
Y Él les respondió: "No es para ustedes el saber los tiempos y las épocas que el Padre tiene en su poder."
Pero ustedes recibirán poder, cuando el Espíritu Santo haya venido a ustedes; y ustedes serán mis testigos en Jerusalén, en toda Judea y en Samaria, y hasta en los confines de la tierra.
Y habiendo dicho estas cosas, mientras ellos observaban, fue llevado hacia arriba, y una nube lo recibió, fuera de las vistas de los que allí estaban.
Y a la vez que miraban fijamente hacia el cielo

mientras Él ascendía, dos hombres estaban de pie junto a ellos vestidos de blanco dijeron: "¿Quién dijo, Hombres de Galilea, por qué están de pie mirando al cielo? Este mismo Jesús, que es arrancado de ustedes y llevado al cielo, vendrá de la misma forma en la que lo han visto volver al cielo."

CPSIA information can be obtained
at www.ICGtesting.com
Printed in the USA
LVOW10s1624250717
542591LV00011B/628/P

9 781453 787267